KB097670

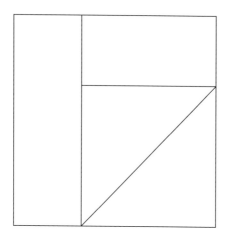

상서를 읽다

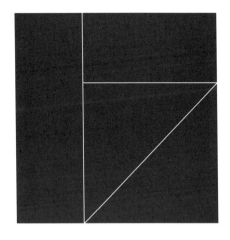

상서를 읽다

=

주나라 정치철학을 담은
귀족 교육의 핵심 커리큘럼

양자오 지음 ＋ 김택규 옮김

일러두기

'지은이'라고 표시한 것을 제외한 본문의 각주는 모두 옮긴이의 것이다.

저자 서문
동양고전 읽는 법

1

2007년부터 2011년까지 5년간, 저는 민릉 강당敏隆講堂에서 '중국 역사 다시 보기'重新認識中國歷史 강좌를 개설하고 13기에 걸쳐 130강을 강의했습니다. 신석기에서 신해혁명까지 중국 역사를 죽 훑는 이 통사 강좌는 전통적인 해설을 벗어나 신사학 혁명新史學革命* 이후 지난 100여 년간 중국 역사 연구의 새롭고 중요한 발견과 해석을 소개하는 데 역점을 두었습니다. '중국 역사 다시 보기'라는 제목도 그래서 달았지요.

---

* 근대적인 방법론에 입각한 새로운 역사학.

'중국 고전을 읽다' 시리즈는 원래 이 통사 강좌에 이어지는 형식이어서 고전의 선별도 같은 취지로 역사적 관점에서 이루어졌습니다. 중국 역사를 다른 방식으로 한 번 더 강의하는 셈이지요.

　　저는 통사 강좌에서는 수천 년 중국 역사의 거대하고 유장한 흐름 가운데 제가 중요하다고 여기거나 소개할 만하며 함께 이야기할 만한 부분을 가려 뽑아 중국 역사를 보여 주려 했습니다. 반면 '중국 고전을 읽다'에서는 주관적인 선택과 판단을 줄여, 독자들이 직접 고전을 통해 중국 역사를 살피고 이해하게 되기를 바라고 있습니다.

　　오늘날의 일상 언어로 직접 수천 년 전 고전을 읽고 역사를 이해한다는 것은 매우 보기 드문 행운입니다. 현대 중국인은 2천여 넌 진의 중국 문자를 번역 없이 읽을 수 있고, 정보의 대부분을 직관적으로 파악할 수 있으며, 조금만 더 시간을 들이면 보다 깊은 의미도 해석할 수 있습니다. 고대의 중국 문자와 오늘날 중국인이 일상에서 쓰는 문자 사이에는 분명하고도 강력한 연속성이 존재하지요. 현대 사회에서 통용되는 중국 문자의 기원은 대부분 거의 『시경』詩經과 『상서』尙書 시대까지 거슬러 올라가며, 그중 일부는 갑골문甲骨

文이나 금문金文의 시대까지 소급됩니다. 문법에서도 꽤 차이가 있고 문자의 뜻이 완전히 일치하지는 않지만, 고대 중국 문자의 사용 규칙은 오늘날 쓰이는 문자와 대비해 보면 매우 쉽게 유추됩니다.

이는 인류 문명에서 매우 특이한 현상으로 사실상 세계 역사에서 또 다른 사례를 찾아보기 어렵습니다. 기원전 3천 년부터 오늘날에 이르기까지, 같은 기호와 같은 의미가 결합된 하나의 문자 체계가 5천 년 동안이나 끊이지 않고 이어져, 오늘날 문자의 사용 규칙에서 유추해 몇천 년 전의 문헌을 직접 읽을 수 있다니 대단하지요.

이처럼 고대부터 간단없이 이어진 중국 문자의 전통은 문명의 기본 형태를 결정짓는 데 상당한 영향을 주었습니다. 비록 중국 사회가 역사를 통해 이에 상응하는 대가를 치르기는 했지만, 이 전통 덕분에 지금 이 시대의 중국인은 매우 희소가치가 높은 능력을 얻었습니다. 이런 능력을 잘 이해하고 사용하지 않을 이유가 없지요.

2

고전을 읽는 첫 번째 이유는 이런 것입니다. 중국 역사에는 가장 기본적인 자료들이 있습니다. 이 누적된 자료를 선택하고 해석하면서 역사의 다양한 서술 방식이 형성되었습니다. 중국 문자를 이해하고 그 역사에 관심이 있는 사람이라면 누구나 역사의 다양한 서술 방식을 접하고 나서 그 기본적인 자료들로 돌아갈 수 있습니다. 누구나 역사학자들이 어떻게 이 자료들을 멋지게 요리했는지 직접 살필 수 있고, 스스로 가장 기본적인 자료들을 들추며 서술의 옳고 그름을 따질 수 있는 것입니다.

우리는 『시경』이 어떤 책인지 소개하는 책을 읽고, 『시경』에서 뽑아낸 새 자료로 서주西周 사회의 모습을 재구성한 이야기를 듣기도 합니다. 그런데 이런 기초 위에서 『시경』을 읽으면 『시경』의 내용과 우리가 처음 상상한 것이 그다지 닮지 않았음을 알게 될지 모릅니다. 서주 사회에 대해 우리가 처음 품었던 인상과 『시경』이 보여 주는 실제 내용은 전혀 다를 수 있지요. 어쨌든 우리에게 무척 강렬한 독서의 즐거움을 안겨 줄 겁니다!

고전을 읽는 두 번째 이유는 그것이 현재와 다른 시공간에서 탄생했음에도, 인간의 보편적 경험과 감상을 반영한다는 데 있습니다. 오늘날에도 우리는 여전히 같은 인간이라는 입장에서 고전 속의 경험과 감상을 확인할 수 있고 느낄 수 있고 비교할 수 있습니다. 우리는 그 안에서 비슷한 경험과 감상을 발견하고, 시공간의 차이를 넘어 공감대를 형성할 수 있습니다. 그리고 다른 경험과 감상을 통해서는 우리 삶의 경험을 확장할 수도 있지요.

　역사학 훈련에서 얻어진 습관과 편견으로 인해, 저는 고전을 읽을 때 오늘날 현실과는 전혀 다른 사실들이 던져 주는 지적 자극에 좀 더 흥미를 느낍니다. 역사는 우리에게 인류의 다양한 경험과 폭넓은 삶의 가능성을 보여 주고, 나아가 우리가 너무도 당연하게 여겼던 현실에 의문을 품고 도전하게 만들지요. 이 점이 바로 역사의 가장 근본적인 기능입니다. 또한 역사라는 학문이 존재하는 의의이자 다른 무엇과도 바꿀 수 없는 핵심 가치이기도 합니다.

3

중국 사회가 수천 년 동안 이어진 문자 전통 때문에 상응하는 대가를 치렀다는 사실은 앞서도 언급한 바 있습니다. 그중 하나는 이 연속성이 역사를 바라보는 중국의 전통 관점에 영향을 끼쳤다는 점입니다. 끊이지 않고 줄곧 이어진 문자 체계 때문에, 중국인은 조상이나 옛사람을 지극히 가깝게 여기고 친밀하게 느낍니다. 그래서 중국에서는 역사학이 과거에 발생한 어떤 사건을 연구하는 독립적인 학문이었던 적이 없습니다. 역사와 현실 사이의 명확한 경계가 인식되지 않고 떼려야 뗄 수 없는 연속체처럼 여겨졌죠.

우리는 삶의 현실에서 도움을 얻고자 역사를 공부합니다. 그런 까닭에, 중국에서는 나중에 생겨난 관념과 사고가 끊임없이 역사 서술에 영향을 끼치고 역사적 판단에 스며들었습니다. 한 가지 심각한 문제는 이 전통 속에서 사람들이 늘 현실적인 고려에 따라, 현실이 필요로 하는 방식으로 역사를 다시 써 왔다는 사실입니다. 시간이 흐르면서 서로 다른 현실적 고려가 겹겹이 역사 위에 쌓여 왔지요. 특히 고전에 대한 전통적인 해석들이 그 위로 두텁게 덧쌓였습니다.

따라서 우리는 갖가지 방식을 동원해 덧쌓인 해석들을 한 풀한 풀 벗겨 내고 비교적 순수한 맨 처음 정보를 보려고 노력해야 합니다. 그런 뒤에야 『시경』을 통해 2천 년 전 또는 2천 5백 년 전 중국 사회의 어떤 모습이나 그 사람들의 심리를 참으로 이해했다고 할 수 있습니다. 또한 주周나라 당시의 정치 구조 안에서 『상서』가 표현하는 봉건 체제를 이해하며, 황제 통치가 확립된 진秦나라와 한漢나라 이후의 가치 관념으로 『상서』를 왜곡하는 일이 없을 것입니다.

'중국 고전을 읽다' 시리즈에서 저는 이 고전들을 '전통' 독법대로 해석하지 않을 생각입니다. 전통적으로 당연시해 온 독법은 특히 면밀한 검증과 토의를 필요로 합니다. 도대체 고전 원문에서 비롯된 해석인지, 아니면 후대의 서로 다른 시기에 서로 다른 현실적 요구에 따랐기에 그때는 '유용'했으나 고전 자체에서는 멀어진 해석인지 말이지요.

고전을 원래의 태어난 역사 배경에 돌려놓고 그 시대의 보편 관점을 무시하지 않는 것은 이 시리즈의 중요한 전제입니다. '역사적 독법'을 위한 '조작적 정의'*라고도 할 수 있겠습니다.

우리는 '역사적 독법'의 기초 위에서 비로소 '문학적 독

---

* 사물 또는 현상을 객관적이고 경험적으로 기술하기 위한 정의.

법'으로 나가는 다음 단계를 밟을 수 있습니다. 먼저 이 고전들은 오늘날의 우리를 위해 쓰인 것이 아니라, 그것들이 태어난 시대에 우리와 매우 다른 삶을 살았던 옛사람들이 쓴 것입니다. 그러므로 우리는 자기중심적인 태도와 자만심을 버리고, 잠들어 있는 보편된 인성을 일깨우며 다른 삶의 조건 속으로 들어가, 그들이 남긴 모든 것에 가까이 다가서야 합니다.

이 과정에서 우리는 자신의 감성과 지성을 일깨움으로써, 전혀 알 수 없었던 다른 삶의 환경을 이해하고, 내면에 존재했지만 미처 몰랐던 풍요로운 감정을 느끼게 될 것입니다. 저는 후자 쪽이 훨씬 더 중요하다고 봅니다. 우리 삶의 현실이 제공해 줄 수 없는 경험은 이처럼 문자로 남아 있다가 아득히 먼 시공의 역사를 뚫고 나와 우리와 대화하며 새롭고 강렬한 자극을 던져 줍니다.

고전이 태어났던 전혀 다른 시공간의 차이를 인정함으로써, 우리는 어떤 감정과 감동을 느끼고 일종의 기적을 맛보게 될 것입니다. 그 순간 우리는 현실적 고려에 의해 역사를 단편적으로 취하는 태도를 버리고, 역사를 관통하는 인류 보편의 조건과 역사와 보편 사이의 접점을 발견하며, 인간의 본성과 감정에 대한 더 넓고 깊은 인식으로 나아갈 수 있습니다.

4

'중국 고전을 읽다' 시리즈는 중요한 고전을 찾아 그 책의 몇 단락을 추린 다음 꼼꼼하게 읽는 방법을 취하고 있습니다. 이를 기초로 고전 전체의 기본 틀을 드러내고, 책과 그것이 탄생한 시대의 관계를 설명하려 합니다.

오늘날 전해지는 중국 고전의 규모는 참으로 어마어마해서 모든 고전을 처음부터 끝까지 다 읽는 것은 불가능합니다. 그래서 저는 고전 가운데 독자들이 쉽게 공감할 만한 내용을 고르는 한편, 가장 이질적인 정보를 전달할 수 있는 내용을 선택함으로써 독자들이 시공간을 뛰어넘는 신선하고 신기한 경험을 얻을 수 있도록 노력했습니다. 저는 첫 번째 방법으로 다음과 같은 효과를 기대합니다. "오! 저자의 말이 정말 그럴듯한데?" 두 번째 방법으로는 다음과 같은 반응을 바랍니다. "어? 이런 생각을 하는 사람이 다 있네!"

고전을 읽고 해석할 때 생각해야 할 몇 가지 기본 문제가 있습니다. 이 작품은 어느 시대, 어떤 환경에서 태어났을까? 당시의 독자들은 이 작품을 어떻게 읽고 받아들였을까? 왜 이런 내용이 고전이라 불리면서 오랫동안 변함없이 전해졌을까? 이 작품이 지닌 힘은 다른 문헌이나 사건, 사상 등에 어떤 영향을 끼쳤을까? 앞선 고전과 뒤따르는 고전 사이에는 어떤 관계가 있을까?

이 질문들은 어떤 고전 판본을 고를지 결정하는 기준이 되기도 합니다. 첫 번째 원칙은 가장 기원이 되며 본연에 가까운 판본을 고르는 것입니다. 역사와 선례를 중시하고 강조하는 전통 문화 가치에 따라, 하나의 고전에는 수많은 중국의 저작과 저술이 덧붙었습니다. 『사고전서』四庫全書에 수록된 3천 5백여 종의 서적 가운데 『논어』論語를 해석한 저작과 저술은 무려 100여 종이 넘습니다. 이 가운데 중요하거나 흥미로운 내용이 없는 것은 아니지만, 결국 모두 『논어』라는 고전의 부산물일 뿐입니다. 따라서 우리가 가장 먼저 골라 읽어야 할 것은 『논어』를 해석한 그 어떤 책이 아니라 바로 『논어』입니다. 『논어』는 당연히 『논어』를 부연하고 해석한 그 어떤 책보다 기원과 본연에 가깝습니다.

이 원칙에도 예외는 있지요. 중국 삼국 시대의 왕필王弼

이 주석한 『노자』老子와 위진魏晉 시대의 곽상郭象이 주석한 『장자』莊子는 불교의 개념으로 이 책들의 원래 내용을 확장하고 심화했으며, 나아가 위진 시기 이후 중국 '노장老莊 사상'의 기본 인식을 형성했습니다. 형식적으로는 부연이지만 실질적으로는 기원의 영향력을 지니는 셈입니다. 그래서 기본 텍스트로 보고 읽어야 합니다.

두 번째 원칙은 현대 중국어로 읽을 수 있어야 한다는 것입니다. 어떤 책들은 중국 역사를 이야기할 때 반드시 언급해야 할 정도로 중요합니다. 예를 들어 『본초강목』本草綱目은 중국 식물학과 약리학의 기초를 이루는 책으로 무척 중요하지요. 하지만 오늘날의 독자들에게 이 책은 어떻게 읽어나가야 할지 너무도 막막한 대상입니다.

다른 예를 하나 더 들겠습니다. 중국 문학사에서 운문이 변화하는 과정을 이야기할 때는 언제나 한나라의 부(한부漢賦), 당나라의 시(당시唐詩), 송나라의 사(송사宋詞), 원나라의 곡(원곡元曲) 등을 꼽습니다. 당시나 송사, 원곡이라면 읽을 수 있겠지만, 한부를 어떻게 읽을 수 있을까요? 중국 문자가 확장하고 발전해 온 역사에서, 한부는 매우 중요한 역할을 맡았습니다. 한나라 사람들은 외부 세계와 문자 사이의 서로 다른 대응 관계를 인식하기 시작했고, 수많은 사물과 현상에 상응하는 어휘를 기록하고 전달하는 데 어려움을 겪었지요. 그 때문에 어휘의 범주를 있는 힘껏 넓히고, 갖은 방법으로 복잡한 외부 세계의 눈부신 풍경을 모두 기록해 내려는 충동이 생겨났습니다. 따라서 한부는 일종의 '사전'과 같은 성격을 띱니다. 최대한 복잡하고 다양한 어휘를 사용해 인간이 알고 있는 모든 것을 요란하게 과시하는 장르이지요.

겉으로는 유려한 묘사로 내용을 전달하는 문학 작품처럼 보일지라도, 한부는 사실 새로운 글자를 발명하는 도구에 가까웠습니다. 보기만 해도 신기한 수많은 글자, 남들이 잘 쓰지 않는 기발한 글자를 늘어놓는 것이 한부의 참목적입니다. 글이 묘사하고 서술하는 것이 장원莊園의 풍경이든 도시의 풍경이든, 그것은 허울에 불과합니다. 장원에 대한 한부의 묘사나 서술은 풍경을 전하거나 그로 인해 일어나는 인간의 감정을 표현하는 데 뜻을 두지 않습니다. 한부는 이런 묘사와 서술을 통해 정원이라는 외부 세계에 속하는 모든 대상에 일일이 이름을 붙입니다. 한부 작품에 등장하는 이루 헤아릴 수 없이 많은 명사는 눈앞에 보이는 모든 대상 하나하나에 새롭게 부여한 이름입니다. 한부에 존재하는 수많은 형용사는 서로 다른 색채와 형상, 질감과 소리 등을 분별하기 위해 새로이 발명한 어휘지요. 상대적으로 동사는 그리 많지 않습니다. 한부는 무척 중요하고 소개할 만한 가치가 있으며 새롭게 알 필요가 있는 장르이지만 막상 읽기는 쉽지 않습니다. 읽는다 해도 도무지 재미가 없어요. 한부를 읽기 위해서는 글자 하나하나를 새로이 배우고 그 글자의 뜻을 새삼 되새겨야 하는데, 그럼에도 글을 읽고 나서 얻는 것은 그리 많지 않습니다. 초등학생이나 중학생들의 국어 경시대회와 비교할 수 있겠습니다.

마지막으로 세 번째 원칙이 있는데, 이는 저 개인의 어쩔 수 없는 한계에서 비롯된 것입니다. 저는 저 자신이 읽고 이해할 수 있는 고전을 고를 수밖에 없습니다. 예를 들어 『역경』易經은 지극히 중요한 책이지만, 제가 가려 뽑은 고전 범주에 들지 않습니다. 예로부터 지금까지 『역경』에 대해 그토록 많은 해석이 있었고, 지금도 계속해서 『역경』에 대한 새롭고 현대적인 해석들이 나오고 있지만, 저는 아무래도 그 사상 세계로 들어갈 수가 없습니다. 저는 그와 같이 인간의 길흉화복을 점치는 방식에 설득되지 않으며, 도대체 무엇이 본연의 『역경』이 규정하고 전승하려던 의미였는지 판단할 수 없고, 무엇이 후대에 부연되고 수식된 내용인지 가려낼 수 없기 때문입니다. 역사적 독법의 원칙에 따르자면, 저는 『역경』을 논할 능력이나 자격이 없습니다.

5

'중국 고전을 읽다'에서 저는 다만 책을 읽는 데 그치지 않고 몇 단락씩 꼼꼼히 들여다보려 합니다. 중국 고전은 책마다 분량의 차이가 적잖이 존재하고 난이도의 차이도 크기 때문에, 반드시 이 두 가지를 잘 헤아려 읽을 내용을 결정해야만 합니다.

저는 고전의 원래 순서도 내용의 일부이고, 문단과 문장의 완전함도 내용의 일부라고 생각합니다. 책의 순서에 의미가 없음을 확신할 만한 이유가 있거나 특별하게 대비시키려는 의도가 아니라면, 저는 최대한 고전이 지닌 원래의 순서를 깨뜨리지 않으려고 했으며, 최대한 완전한 문단을 뽑아 읽으며 함부로 재단하지 않았습니다.

강의 내용을 책으로 바꿀 때는 시간과 분량의 제한을 받기 때문에, 꼼꼼한 독해는 아마도 아주 짧은 단락에 그칠 것입니다. 하지만 여러분은 이를 통해 고전 속으로 들어가는 일에 차차 익숙해질 것입니다. 나아가 저는 여러분이 고전을 가깝게 느끼게 되어 책의 다른 부분을 스스로 찾아 읽었으면 하고 바랍니다. '중국 고전을 읽다'는 고전이 지닌 본연의 모습과 방식을 더듬어 여러분이 스스로 고전에 다가가는 기초를 닦도록 도울 것입니다. 이 책은 고전을 읽고 이해하는 데 중요한 첫걸음이 될 것입니다.

고대 중국의 지식 체계 형성

신성문자와 세속문자

이 책은 『서』書, 『서경』書經 또는 『상서』尙書 등 서로 다른 명칭으로 불리는데, 그 포인트는 '서'라는 글자에 있습니다. 오늘날 일상용어에서 이 글자는 갑골문과 금문金文에 존재했던 본래 상형자적 의미의 극히 일부만이 남아 있습니다. '서화전'書畵展이라는 단어를 예로 들어 보지요. 이 단어를 보면 아마 긴 탁자에 책 더미가 쌓여 있고 뒷벽에 그림이 쭉 걸려 있는 광경이 떠오를 겁니다. 하지만 실제로는 그렇지 않습니다. 서화전에 전시되는 것은 서법書法*과 회화繪畵 작품

---

* 즉 '서예'를 가리킨다.

입니다. 그래서 서가書家는 장서가藏書家와는 다릅니다. 전자는 글씨 쓰기에 능한 사람이고 후자는 특별한 책을 많이 소장한 사람입니다.

서법의 본래 뜻은 '글씨 쓰는 방법'입니다. 누구든 글씨를 쓸 줄만 알면 다 서법을 하는 것이 아니라, 일정한 규범에 맞게 글씨를 써서 일정한 수준에 다다라야 서법을 한다고 할 수 있습니다. '書'의 갑골문과 금문의 형태는 붓을 쥐고 있는 손이 어떤 용기 위에 놓인 모양이므로 본래 뜻은 '쓰다'입니다. 명사로는 '쓰인 것' 또는 '기록된 것'을 뜻하지요.

또한 『상서』의 '상'尙은 시간적으로 아득히 오래된 것을 뜻합니다. 그러므로 '상서'尙書라는 두 글자는 이 책의 내용을 설명해 줍니다. 아득히 오래전 중국에서 거의 가장 먼저 기록된 자료인 것이지요. 그것은 어떤 자료일까요? 주나라 조정과 행정 부서의 공식 문건입니다.

중국 문자는 매우 특수한 기원을 갖고 있습니다. 첫째, 중국 문자는 표음문자가 아닙니다. 둘째, 중국 문자는 특별한 기능을 갖고 있었습니다. 상나라 시대의 갑골문은 형태와 기능 면에서 모두 이집트의 상형문자와 흡사했습니다. 그 안의 많은 기호가 자연현상의 모방에서 비롯되었는데, 그림과 간단한 표시로 한눈에 뜻을 알아볼 수 있게 만들어졌습니다.

그리고 고대 중국과 이집트에서 문자의 용도는 명백히 종교적이었습니다. 초월적인 영역과 소통해 신성한 지식을 기록하는 기능이 있었지요. 또한 통치 계급에 의해 독점되어 아무나 멋대로 사용할 수가 없었습니다.

이집트의 파라오는 신으로서 신의 이름을 갖고 있었습니다. 중국 상나라의 왕은 비록 신은 아니었지만 대사제의 신분을 가졌다는 점에서 비슷했습니다. 그는 갖가지 방식으로 다른 차원에 있는 조상과 소통하여 조상의 지시나 협조를 얻었습니다. 상나라 왕의 지위와 권력의 상당 부분은 조상과의 소통을 통제하고 심지어 농단하는 것에서 비롯되었습니다. '점'ㅏ은 그가 조상의 메시지를 받는 중요한 형식이었고, 갑골문은 조상의 메시지를 기록하는 신비한 기호였습니다.

갑골문은 메소포타미아 평야에서 발달한 설형문자와는 근본적으로 달랐습니다. 설형문자는 표음문자였고, 갈대 펜으로 점토판에 몇 가지 기호를 그려 말을 기록했습니다. 그리고 본래 상업에 주로 쓰였습니다. 상업 활동의 기록에서 상업 계약까지 발전했는데, 일단 써 놓고 나면 변하지 않는 문자의 특성을 이용해 정확히 남기기 어려운 말의 단점을 보완했습니다.

대영박물관이나 루브르박물관의 '고대 근동' 전시관에

가면 주요 소장품 중에 방대한 숫자의 '점토 인장'을 볼 수 있습니다. 원주형으로 된 점토 인장은 겉에 아름다운 꽃무늬가 새겨져 있습니다. 햇빛에 말리거나 불에 구운 점토 인장은 점토판에 쓰인 내용을 임의로 바꾸지 못하도록 하는 데 사용되었습니다. 구체적으로 말하면, 계약 내용이 쓰인 점토판에 그 인장을 굴려서 꽃무늬가 점토판에 찍히게 했지요. 그러면 누구든 그 꽃무늬를 없애지 않고서는 그 밑의 점토판에 새겨진 글자를 바꿀 수가 없었습니다. 이것이 수메르인의, 나아가 티그리스강과 유프라테스강 유역의 상업과 무역이 일찌감치 발달할 수 있었던 주요 원동력이었습니다.

본래 종교에 쓰이던 중국 문자는 상나라와 주나라의 교체기에 즈음하여 중대한 변화를 겪습니다. 주나라는 상나라의 문자를 계승한 뒤, 기존의 강한 종교적 색채를 제거하고 문자에 전혀 다른 의미를 부여했습니다.

상나라는 일찍이 고도의 청동기 주조 기술을 익혀 청동기에 명문銘文*을 주조해 넣었습니다. 그런데 그 명문은 주로 '가문의 표지'였습니다. 그 청동기가 어느 가문에 속하는지 표시했을 뿐, 진정한 문자는 아니었습니다.

주나라 시대에 와서 청동기의 명문은 성격이 바뀌었습니다. 주나라 청동기에 '금문'金文, 즉 문자의 연결이 나타나

---

* 금석(金石)이나 기물(器物) 등에 주조된 글.

기 시작했습니다. 그리고 금세 명문에 고정적인 격식이 생겼지요. 그중 가장 흔한 것이 '자자손손영보용'子子孫孫永保用**이었습니다. 이 구절은 주나라 사람이 청동기를 어떻게 생각했는지 알려 줍니다. 아무리 오랜 세월이 흘러도 파괴되지 않고 대대손손 계승될 물건으로 보았던 겁니다. 또한 청동기에 문자로 새긴 정보도 청동기와 함께 영원히 후대에 전해지기를 바랐습니다.

상나라의 갑골문에서 주나라의 금문에 이르기까지, 비록 양자에 사용된 문자는 많이 유사하고 중첩되었지만 그 근본정신은 크게 달라졌습니다. 갑골문의 본질은 신비하고 초월적인 정보를 담는 것이었습니다. 그런데 금문의 본질은 의미를 응집하고, 고정하고, 남기고, 전하는 데 있었습니다. 상나라 시대에 글을 쓰는 행위는 인간 세상 바깥의 신비로운 분위기를 띠었지만, 주나라 시대에는 강한 시간 의식 혹은 "시간의 흐름에 저항하는" 특성을 가졌습니다.

왜 글을 썼을까요? 가치 있는 정보나 진리를 문자로 고정해 먼 훗날 후손들도 받아들일 수 있게 하기 위해서였습니다. 주나라 시대의 글쓰기는 가장 이르게는 청동기와 결합해 그런 새 의의를 얻었고, 그다음에는 그 의의가 거꾸로 문자에 전해지고 영향을 주었습니다. 주나라 사람은 청동기에 주

** '대대손손 영원히 보존해 쓰기를'이라는 뜻.

조된 문자뿐만 아니라 모든 문자를 영구적인 것으로 간주했으며, 그래서 중시하고 심지어 존경하기까지 했습니다.

이런 연유로 주나라 초기의 문자 기록은 극소수 사람에게 독점되었습니다. 그들은 상나라로부터 문자를 쓰고 새기는 방법과 청동기 주조 기술을 전수받아 계승한 이들이었습니다. 다시 말해 문자는 주나라 시대에 확실히 왕관王官 전통, 즉 희姬씨 성과 강姜씨 성 등 주나라를 세운 몇몇 대족大族 중심으로 발전한 통치 계급 문화에 속했습니다.

그다음으로 당시 문자는 시간 그리고 혈통의 종적인 계승과 밀접한 관계가 있었습니다. 남기고 보존하기 위해 노고를 마다 않고 글을 적었습니다. 이것 역시 주나라가 새로운 기준을 세우는 한편, 특별한 가치가 있는 옛사람들의 행위를 시간이 흐름에 따라 사라지게 놔둬서는 안 되며 반드시 보존해야 한다고 생각했음을 보여 줍니다. 그래서 그들은 본래 상나라 사람이 인간사와는 거리가 먼 초월적 정보를 기록하기 위해 발명한 문자를 그러한 용도로 바꾸었습니다.

『시경』詩經 국풍國風에 실린 대부분의 시편은 민간에서 불리던 가요에서 비롯된 것이 분명합니다. 봉건 정치의 동기에 따라 '채풍'采風 혹은 '채시'采詩가 이루어지지 않았다면 그 내용은 문자로 기록될 일이 없었을 겁니다. 따라서 본래 이름 없는 인물들의 소박한 감정을 표현한 그 시들이 훗날 『대서』大序, 『모시』毛詩의 해석에 의해 거창한 정치적 도리를 담은 작품으로 탈바꿈한 것은 결코 놀라운 일이 아닙니다. 본래는 민간 가요였지만 통치 혹은 통치자의 교육에 필요해 문자로 기록될 기회를 얻었고, 왕관학王官學* 내에 자리를 잡아 후대에 전해진 겁니다.

『시경』과 함께 훗날 '경'經의 반열에 오른 당시의 기록물은 모두 이러한 공통된 역사적 특성을 지니고 있습니다.

잊힌 『상서』

그 '경'들 중에서도 『상서』는 왕관학과의 관계가 가장 직접적이고 밀접했습니다. 『상서』는 주나라 시대에 『서』書라고 불렸는데, 가장 이른 시기의 문자 기록을 가리켰습니다. 기록되어야 한다고 주나라 사람이 가장 일찍이 인정한 내용이었지요. 한나라 때에 와서 '서'라는 글자가 점점 광범위하게 쓰이는 바람에 고유명사로서의 의미를 분별하기 위해 『서』를 『상서』로 고쳐 부르게 되었습니다. 하지만 '상'尚이라는 글자로 역시 '시간적으로 가장 오래된'이라는 뜻을 분명하게 표시했습니다.

---

* 군자의 도리와 치국 방법의 전수에 중점을 둔 고대의 귀족 교육 체계이자 그 내용.

『상서』와『시경』은 모두 서주 귀족 교육의 핵심 내용이었지만, 동주 시대로 접어든 뒤에 이 두 문헌은 각기 조금 다른 운명을 맞았습니다.『시경』은 점차 고도의 실용성을 띠면서 일상 대화와 외교적인 절충에 쓰이게 되었습니다. 또한 우아한 언사의 기초가 되어, 같은 뜻을 말하더라도『시경』구절을 인용해 표현하면 더 품격이 있어 보이고 말의 설득력도 효과적으로 높일 수 있었습니다.

본래 왕관학의 일부였던『시경』은 춘추전국시대에 여러 나라가 서로 다투는 새로운 환경에서 전혀 쇠퇴하지 않았을 뿐만 아니라 오히려 한 걸음 더 발전해 새로운 생명을 얻었습니다. 그래서 비교적 잘 보존되어 동주 이후의 중국 어문語文과 밀접한 관계를 맺었습니다. 그런데 상대적으로『상서』는 보편성 면에서『시경』에 한참 못 미쳤습니다. 비록 춘추전국시대에 새로 일어난 세사백가에 의레 간혹 인용되기는 했지만 말입니다.

『상서』에는 서주 초기의 문자 쓰기 사례가 아주 많이 보존되어 있습니다. 그 문법은 서주 청동기의 금문과 대체로 일치합니다. 청동기에 문자를 남기는 방식은 서주 중기 이후 눈에 띄게 쇠퇴했는데, 목간木簡과 죽간에 문자를 새기는 새 풍조의 영향 때문이었을 가능성이 큽니다. 어쨌든 나무와 대나무에 문자를 새기는 것이 청동기에 문자를 주조해 넣는 것보다 훨씬 쉬웠을 겁니다. 나무와 대나무는 보존 기간이 청동기보다 훨씬 짧기는 했지만, 대신 더 많은 내용을 쓸 수 있고 부본副本을 베껴 써 두기도 편리해 그런 단점을 상쇄하기에 충분했습니다.

갑골문과 금문을 비교해 보면, 갑골문이 금문보다 시기가 이름에도 문자의 총 개수가 많다는 것을 알 수 있습니다. 이를 통해 청동기 주조의 어려움이 금문의 발전을 제한했음을 알 수 있지요. 청동기에 문자를 주조해 넣는 데에는 시간도 품도 많이 들었던 탓에 금문은 필연적으로 매우 간략해지고 압축되어 말과는 상관없는 독자적인 글쓰기 문법을 갖게 되었습니다. 그런데 문자를 목간과 죽간에 적게 되면서 역시 필연적으로 문자의 새롭고 자유로운 공간이 열려 새 글자와 단어와 문장이 출현했고, 나아가 비교적 복잡한 문법까지 등장했습니다.

글쓰기의 새 형식과 공간은 동시에 문자가 말에 가까워질 가능성까지 열었습니다. 목간과 죽간의 문자는 역시 비표음기호이기는 했지만, 비교적 길고 빠르게 쓸 수 있는 기술의 영향으로 문법 면에서 활발한 변화의 가능성이 생겨났습니다.

금문과 『상서』의 문법에서는 똑같은 글자가 서로 다른 문장에서 서로 다른 뜻을 가리키는 경우가 종종 있었습니다. 이로 인해 어떤 글자가 어떤 곳에서 그 많은 뜻 가운데 어떤 뜻으로 읽히는지 표시하는 방법이 있어야 했습니다. 그래서 특수한 훈련을 받은 소수의 사람만이 읽고 쓰는 능력을 보유했습니다.

글쓰기 기술의 혁신으로 야기된 문법의 변화는 거의 춘추시대에 이루어졌습니다. 바로 왕관학과 제자학諸子學이 서로 교체되던 핵심적인 시대였지요. 왕관학은 서주 봉건 문화에서 형성된 귀족 교육의 내용이었고, 제자학은 봉건 질서가 흔들리면서 새롭게 등장한, 지역적 색채뿐만 아니라 개인적 색채까지 띤 사상과 학문이었습니다. 왕관학과 제자학이 맞닿는 지점에서 생겨난 가장 중요한 산물이 바로 공자의 언행을 기록한 『논어』였습니다. 공자 개인의 언행을 기록했다는 점에서 『논어』는 최초의 제자학 문헌이 맞습니다. 그러나 『논어』에 기록된 내용의 핵심은 공자가 제자들에게 전통적인 왕관학의 교육 내용을 전수하고 설명한 것입니다.

금문의 쇠퇴는 『상서』에 쓰인 문법이 점차 새로운 문법으로 대체되었음을 의미합니다. 또한 『상서』의 문법과 훗날 흥성한 제자학에서 쓰인 문법 사이에 점점 더 시대적 간극이

커졌음을 의미하기도 합니다. 더욱이 『상서』의 내용은 『시경』처럼 명확한 실용적 가치를 얻지 못했기 때문에, 전국시대 후기에 이르러서는 『상서』를 이해하는 사람도 드물어져 『상서』를 베끼는 일조차 어려워졌습니다.

주나라 시대가 끝난 뒤, 진나라는 지식과 학문을 탄압했습니다. 통일은 동주의 수많은 군왕이 꿈꾸던 사업이었고 오랜 전란에 시달려 온 백성도 모두 염원하던 일이었지만, 마지막으로 승리한 진시황의 가장 큰 야심은 여섯 나라를 통일하는 데 있지 않았습니다. 진시황의 놀라운 점은 그가 통일을 완성하려 했을 뿐만 아니라, 그때까지 출현한 적도 존재한 적도 없었던 새로운 천하를 만들려고 했던 데에 있습니다. 그는 과거와 단절하고 새로운 시대와 역사를 시작하려 했습니다. 그래서 전대미문의 칭호인 '황제'를 택하고 스스로를 '시황제'始皇帝라 칭했으며, 자기를 잇는 황제들은 숫자에 따라 '이세', '삼세', 나아가 '백세', '천세'로 칭하도록 법으로 정했습니다.

이런 명명 방식은 주나라의 시호諡號 전통을 뒤집고 바꿔 놓았습니다. 우리가 오늘날 주무왕周武王이라 부르는 사람은 살아 있을 때는 자기가 주무왕이라 불릴지 몰랐습니다. 무왕이라는 명칭은 그가 죽은 후에 그의 뒤를 이은 천자와 신하들이 그의 평생의 행적과 공로를 참작해 그의 업적을 상징하고 총괄하고 부각하기 위해 한 글자를 골라 지은 것입니다. 다시 말해 시호는 제왕이 죽고 난 뒤 평가해 발급하는 성적표였습니다.

만약 주유왕周幽王이 자기가 유왕이라는 명칭을 얻을지 미리 알았다면 분명히 거부하고 바꿀 방법을 강구했을 겁니다. 그것은 강한 질책의 의미를 띤 형편없는 성적표였기 때문입니다. 시호는 주나라 건립 이후 계속 유지되어, 오늘날 우리가 어떤 군왕이 훌륭했는지 형편없었는지 한눈에 판단할 수 있게 하는 간단한 기호가 되었습니다. 단지 진나라만 예외입니다.

진시황은 그런 방식을 받아들이지 않았습니다. 자기도 죽은 뒤 후계자와 신하들에게 평가를 받아야 한다는 것을 용납하지 않았습니다. 그는 주나라의 그 낡은 제도를 뒤엎고 순수하게 숫자로만 순서를 표시하는 방식을 스스로 고안했습니다. 그리고 자신을 바로 '시'始, 즉 첫 번째라 칭했습니다. 그 앞에는 다른 어떤 사람도 없었습니다. 아울러 숫자를 통해 자신의 왕조가 숫자의 연속처럼 미래에 무한히 이어져 나가는 것을 마음 놓고 상상할 수 있었습니다.

진시황의 야심은 주나라의 모든 제도를 뒤엎는 것이었

습니다. 시호를 없앤 것은 그중 하나에 불과했습니다. 그 전대미문의 야심 때문에 진시황은 여섯 나라를 통일한 뒤에도 기쁨을 누리지 못하고 밤낮으로 일해야 했습니다. 또한 어떤 일을 계획하고 추진할 때 누가 "예전에는 그렇게 하지 않았습니다"라는 식으로 회의하고 반대하는 것을 가장 싫어하고 못 견뎌했습니다. 그런데 공교롭게도 예전 주나라의 기본 가치와 원칙 중 하나가 바로 과거의 예를 인용해 현재 상황을 가늠하고 경계하는 것이었습니다. 주나라 사람은 선왕과 성현의 지혜와 진리가 다 옛날 기록에 남아 있다고 믿었습니다.

진시황의 유명한 폭정 중 하나인 '분서'焚書는 바로 옛 왕관학을 대표하는 저작들을 소멸해 사람들이 『시』(『시경』)와 『서』(『상서』) 등의 내용을 귀엣말로도 주고받지 못하게 하는 것이었습니다. 다시 말해 『시』와 『서』 등을 인용해 현재의 정치를 비판하지 못하게 하는 것이었지요. 분서와 짝을 이루는 또 다른 폭정은 '갱유'坑儒였습니다. 비록 『사기』史記에서는 파묻힌 이들이 유생이 아니라 방사方士였다고 말하고 있지만, 진시황이 전통을 중시하는 유생을 진심으로 증오했던 탓에 후대에 갱유의 설이 전해지게 되었습니다.

그것은 진나라와 주나라 사이의 연속성을 철저히 단절

하려는 과격한 시도였습니다. 그래서 주나라 왕관학의 전통에 속하는 문헌이 그 과정에서 큰 피해를 입었습니다. 『시』와 『서』는 당시 사람들이 보기에 주나라의 문명적 가치를 대표하는 문헌이었기 때문에 특히나 더 참혹한 탄압을 당했습니다.

왕관학의 부흥

진나라가 무너진 뒤 그 자리를 대신한 왕조는 유방의 한나라였습니다. 유방은 어떤 사람이었을까요? 그는 남방 초楚 지역의 불량배였습니다. 『사기』에는 그의 갖가지 불량한 소행이 여러 군데 기록되어 있습니다. 특히 그가 유생을 혐오했음을 알려 주는 일화도 있는데, 누가 유생의 모자를 쓰고 그를 만나러 오자 그 사람의 모자를 벗기고 그 위에 오줌을 누었다고 합니다. 또 황제가 된 뒤에는 측근인 육가陸賈가 『시』와 『서』를 즐겨 인용하는 것을 보고 불쾌해하며 "나는 말 위에서 싸워 천하를 얻었는데 『시』와 『서』가 무슨 소용이냐?"라고 말했습니다. 이에 육가는 침착하게 "말 위에서 천하를 얻었다고 어찌 말 위에서 천하를 다스릴 수 있겠습니까?"라는 명언을 남겼습니다.

유생을 혐오하고 주나라의 옛 전통을 경멸한 이런 일화를 볼 때, 사실 한고조漢高祖도 진시황과 그리 다르지 않았음을 알 수 있습니다. 한나라가 세워지기는 했지만 한나라의 제도는 시간이 더 지나서야 확립되었습니다. 고조 시대부터 문제文帝, 경제景帝 시대까지 한나라는 진시황이 수립한 제도를 전면적으로 개조하지는 않았습니다. 당시 '문경지치'文景之治가 가장 칭송받은 이유는 "아무 일 하지 않고도 천하를 잘 다스리고 백성과 더불어 휴식을 취했기"無爲而治, 與民休息 때문이었습니다. 그런 정신을 가장 잘 나타내는 일화가 바로 '소규조수'蕭規曹隨* 고사입니다. 이를 통해 우리는 그 당시 새 왕조의 새 조정이 진나라의 가혹한 요역과 세금을 없앤 것 말고는 적극적으로 새 제도를 도입하지는 않았음을 알 수 있습니다.

'제영구부'緹縈救父** 고사는 문제 시기까지도 한나라에 잔혹한 육형肉刑이 계속 남아 있었음을 알려 줍니다. 그리고 『사기』「혹리열전」酷吏列傳을 보면 진나라가 신봉하던 법가法家의 엄혹한 형벌주의 원칙이 한나라 초까지 이어졌음을 알 수 있습니다.

따라서 주나라 왕관학의 인문 정신에 반대하고 현실의

---

* 승상 소하(蕭何)가 만들어 정한 법규를 후임 승상 조참(曹參)이 그대로 물려받아 잘 따른 일.
** 관리 순우공(淳于公)이 죄를 지어 육형을 받게 되었는데, 그의 딸 제영이 문제에게 글을 올려 자기가 관비가 되겠으니 아버지의 육형을 면해 달라고 하자 문제가 크게 깨닫고 육형을 폐지한 일.

법률을 강조하며 백성에게 "관리를 스승으로 삼아야 한다" 以吏爲師고 요구하던 기풍은 결코 진나라의 짧은 십수 년 동안에만 국한되지 않았습니다. 진나라가 망한 뒤, 한나라 초기에도 수십 년간 지속되었습니다. 한무제가 "오직 유학을 높이고"獨尊儒術 나서야 한나라는 진정한 의미에서 진나라의 정치 이데올로기를 뒤집고 본래의 주나라 전통을 계승하는 데 진력하게 되었습니다.

진시황 시대부터 한무제 시대까지 왕관학은 억압과 주변화 그리고 망각의 과정을 겪었습니다. 한무제의 역사적 의의는 자신의 뛰어난 재능과 원대한 계략에 의지해 한나라의 방향을 결정하고, 문제와 경제의 보수적이며 관망적인 태도에서 벗어난 데 있습니다. 그는 다시 왕관학의 전통을 껴안고 진시황과 상반되는 길을 걷기로 결정했습니다. 그래서 본래 있었던 다양한 박사관博士官*을 오경박사五經博士로 정리하고 통합했습니다. 오경, 즉 왕관학의 내용 외의 다른 것은 전부 조정의 정통 지식에서 제외되었습니다.

수십 년간 억압되고 잊힌 탓에, 비록 한무제가 제국의 정통 지식으로 떠받들기는 했지만 왕관학의 일부 내용은 이미 회복 불가능한 피해를 입었습니다. 상대적으로 『시』가 입은 피해는 적었습니다. 그 이유는 첫째, 전국시대 말까지도

---

* 한나라 초에 진나라의 제도를 모방해 만든 박사관은 항목이 복잡했다. 문제 때 박사가 많게는 칠십여 명이나 됐는데 그중에는 『맹자』 박사, 『효경』 박사, 『이아』(爾雅) 박사, 『논어』 박사 등이 있었다(지은이).

많은 사람이 『시』를 읽고 낭송하고 생활 속에서 널리 활용했기 때문입니다. 둘째, 『시』는 기본적으로 노래여서 규칙적이고 반복되는 소리가 중심이라 기억하기가 수월했기 때문입니다. 그래서 일시적으로 문헌을 잃기는 했지만 그 영향이 크지는 않았습니다. 진나라가 멸망한 뒤, 한나라 조정이 나서기도 전에 『시』의 학풍은 빠르게 회복되어 일찌감치 제시齊詩, 노시魯詩, 한시韓詩 등의 학파가 생기고 나중에는 모시毛詩도 생겼습니다.

『상서』는 그렇게 운이 좋지는 못했습니다. 전국시대 말에 『상서』의 학풍은 이미 쇠락해 『서』를 읽거나 해설할 수 있는 사람이 극히 적었습니다. 또한 『서』는 내용이 너무 고색창연해서 당시 유행하던 문법과 크게 차이가 났을뿐더러 운의 규칙도 없어 머릿속에 기억해 두기가 어려웠습니다. 진나라 때 와서 서적의 단속과 훼손이 본격화되자, 얼마 안 가 『상서』의 내용은 거의 복원이 불가능해졌습니다.

어느 것이 믿을 만한 판본인가

진나라의 탄압을 거친 탓에 한나라 초에 『상서』는 거의 실전되었습니다. 『사기』「유림열전」儒林列傳을 보면 이런 기록이 있습니다.

(……) 효문제孝文帝 때 『상서』를 연구할 만한 사람을 찾으려 했지만 세상에 없었다. 나중에 복생伏生이라는 자가 가르칠 수 있다는 소문이 들려 그를 초빙하려 했다. 그때 복생은 나이가 구십여 세라 너무 늙어 올 수가 없었다. 이에 효문제가 태상장고太常掌故 조착晁錯에게 명해 복생에게 가서 배우도록 했다. 진나라가 분서를 할 때 복생은 『상서』를 벽 속에 숨겼고, 그 후에 전란이 크게 일어나자 도망을 쳤다. 한나라가 천하를 평정한 뒤 돌아왔지만 숨긴 『상서』는 수십 편이 없어지고 겨우 29편만 남았다. 그래서 그는 제노齊魯 일대에서 그 나머지 『상서』를 가르쳤다. 이때부터 학자들은 『상서』를 제법 말할 수 있게 되었고, 효산肴山 동쪽의 유명한 학사들은 다 『상서』를 섭렵해 제자들을 가르쳤다.

(……) 孝文帝時, 欲求能治尙書者, 天下無有, 乃聞伏生能治, 欲召之. 是時, 伏生年九十餘, 老不能行, 於是乃詔太常使掌故朝錯(晁錯)往受之. 秦時焚書, 伏生壁藏之, 其後, 兵大起, 流亡. 漢定, 伏生求其書亡數十篇, 獨得二十九篇, 即以教於齊魯之閒. 學者由是頗能言尙書, 諸山東大師無不涉尙書以教矣.

그것은 역사의 우연한 행운이었습니다. 복생은 벽 속에 금서를 숨기고 전란을 피해 그곳을 떠났습니다. 나중에 돌아와 보니 벽 속의 책은 29편만 남아 있었습니다. 그는 그 29편을 제자들에게 가르쳐 『상서』 경학經學의 씨를 뿌렸습니다. 그러다 문제 때 나라에서 다소 경학에 신경을 쓰게 되었는데, 그때 복생은 구십 세가 넘었는데도 아직 생존해 있어서 『상서』의 학문을 조착에게 전해 줄 수 있었습니다.

본래 왕관학 전통에서 『상서』는 백 편 전후였지만 복생이 가르친 것은 30편도 안 됐습니다. 게다가 비록 벽 속에 숨겨 놓았던 책이 있었다고는 하지만, 복생이 전한 『상서』는 주로 그의 기억에 의지해 구전된 것인 듯합니다. 문제 때 그 29편의 옛 서적은 이미 존재하지 않았던 게 분명합니다. 아니면 복생이 숨긴 『상서』가 대전大篆으로 쓰였을 가능성도 있습니다. 진나라가 문자 통일 정책을 펴며 소전小篆을 표준 문자로 삼았기 때문에, 문제 때 이르러서는 아무도 대전을 읽지 못했을 수도 있습니다. 그랬다면 『상서』의 내용을 오직 복생의 구술에 의지해 전수할 수밖에 없었을 겁니다.

복생이 전한 29편의 『상서』는 한나라 당시의 문자로 새롭게 베껴 쓰였는데, 나중에 『금문상서』今文尚書라고 불리게 됩니다. '금문'이라는 두 글자를 덧붙여 구별한 것은 나중에 『고문상서』古文尚書가 출현했기 때문입니다.

유흠劉歆의 「이양태상박사서」移讓太常博士書에 이런 내용이 나옵니다.

노공왕魯恭王이 공자의 고택을 허물어 왕궁을 지으려 했는데 허물어진 벽 속에서 고문으로 된 서적이 나왔다. 『일례』逸禮 39편과 『서』16편이었다. 천한天漢* 말에 공안국孔安國이 그것을 정리해 바쳤다. 하지만 무속으로 인한 재앙을 당해 널리 알려지지는 못했다.

魯恭王壞孔子宅, 欲以爲宮, 而得古文於壞壁之中, 逸禮有三十九篇, 書十六篇, 天漢之末, 孔安國獻之. 遭巫蠱倉卒之難, 未及施行.

반고班固가 쓴 『한서』漢書 「예문지」藝文志에도 관련 내용이 나옵니다.

『고문상서』는 공자의 집 벽에서 나왔다. 무제 말에 노공왕이 공자의 고택을 허물고 자신의 왕궁을 넓히는 중에 『고문상서』와『예기』禮記,『논어』,『효경』孝經 등 수십 편을 얻었는데, 모두 옛 문자로 쓰인 것이었다. 공왕이 공자의 고택에 들어가니 북과 거문고와 비파와 편경이 울리는 소리가 들려 두려워서 바로 멈추고 허물지 못했다. 공자의 후손인 공안국이 그 책들을 다 얻어 그것으로 29편을 고증하고 16편을 더 얻었다. 공안국이 그것을 바쳤으나 무속의 사태를 당해 학관學官에 진열되지는 못했다.

古文尚書者, 出孔子壁中. 武帝末, 魯共王壞孔子宅, 欲以廣其宮, 而得古文尚書及禮記, 論語, 孝經凡數十篇, 皆古字也. 共王往入其宅, 聞鼓琴瑟鐘磬之音, 於是懼, 乃止不壞. 孔安國者, 孔子後也, 悉得其書, 以考二十九篇, 得多十六篇, 安國獻之, 遭巫蠱事, 未列於學官.

문헌을 비교, 대조해 보면『한서』「예문지」의 '무제 말'이라는 견해는 오류인 듯합니다. 노공왕이 오랫동안 보존해 왔던 공자의 고택을 철거하려 한 것은 무제 말이 아니라 경제 때입니다. 그때 벽 속에서 옛 문자로 베껴 쓴 여러 편의 책을 발견하지요. 노공왕은 결국 공자의 고택을 허물고 자신의 왕궁을 확충하려던 생각을 접었고, 그 고서들은 공자의 후예인 공안국의 수중에 들어갔습니다. 무제 때 공안국은 무제에게 『상서』를 바쳤는데, 복생이 구술로 전한 것보다 16편이 더 많았습니다. 바로 이것이 『상서』가 '금문'과 '고문'으로 구별된 내력입니다.

그런데 공안국이 바친 『고문상서』는 당시 조정에서 그다지 존중받지 못했습니다. 조정에서는 이미 오경박사 제도를 만들었고, 『상서』 분야의 박사관은 모두 복생이 전한 『금문상서』를 근본으로 삼았기 때문입니다. 그 박사관들은 아마 고문을 읽을 줄도 몰랐을 테고, 자신들이 주관하는 지식의 내용을 굳이 바꿀 동기도 없었겠지요. 오경박사 제도에 편입되지도 못하고 조정의 지원도 부족해 결국 『고문상서』의 글들은 훗날 서진 때에 이르러 다시 흩어져 사라지고 말았습니다.

그런데 서한 성제成帝 때 장패張霸라는 사람이 대담하게도 모두 102편으로 이루어진 『상서』를 날조하여 황제에게 바쳤습니다. 황제는 사람을 시켜 옛날 공안국이 바쳤던 책을 창고에서 찾아 그것과 대조하게 했고, 똑같은 편명에 전혀 다른 내용이 적혀 있음을 알아냈습니다.

그 뒷이야기는 왕충王充이 지은 『논형』論衡 「정설」正說에서 확인해 보기로 하지요.

이에 장패를 관리에게 넘겼고 관리는 장패가 죽어 마땅한 죄를 지었다고 했지만, 성제는 그의 재주를 중시해 죽이지는 않았으며 그의 저술도 아까워서 없애지 않았다. 그래서 그 102편의 『상서』가 세상에 전해졌고, 그것을 돌려 본 사람들은 『상서』가 102편이라고 말하게 되었다.

於是下霸於吏, 吏曰霸罪當至死, 成帝高奇才而不誅, 亦惜其文而不滅, 故百兩之篇傳在世間. 傳見之人, 則謂尙書有百兩篇矣.

성제는 장패가 바친 『상서』가 가짜인 것을 알았지만 장패의 문재文才가 마음에 들어 그를 살려 주었을 뿐만 아니라 그의 가짜 『상서』가 세간에 퍼지는 것까지 허용했습니다. 그래서 장패가 날조한 책을 읽은 사람들은 『상서』가 모두 102편이라고 믿게 되었죠.

이 기록에서 우리는 두 가지 사실을 확인할 수 있습니다. 첫째, 성제 시대까지도 공안국이 바친 『고문상서』는 궁 안에 남아 있었습니다. 둘째, 황제는 『상서』를 별로 중시하지 않았습니다. 그래서 가짜 『상서』가 세상에 나돌아도 크게 문제될 것이 없다고 생각했습니다.

그러다 동진 시대에 이르러 공안국이 바친 『고문상서』가 갑자기 다시 출현했습니다. 그것을 찾아 바친 사람은 예장군豫章郡의 내사內史 매색梅賾이었습니다.

위징魏徵이 편찬한 『수서』隋書 「경적지」經籍志에 그 기록이 있습니다.

진晉나라 때 황실 서고에 『고문상서』의 경문이 있었는데 지금은 전해지지 않는다. 영가永嘉의 난*으로 구양생歐陽生, 하후승夏侯勝, 하후건夏候建의 『상서』가 다 함께 없어졌다. 동진 때 예장군의 내사 매색이 처음 공안국이 전한 『고문상서』를 얻어 그것을 아뢰었다.

晉世秘府所存者, 有古文尙書經文, 今無有傳者. 及永嘉之亂, 歐陽, 大小夏侯尙書幷亡. 至東晉, 豫章內史梅賾, 始得安國之傳, 奏之.

이때 출현한 『상서』는 모두 58편이었는데 자세히 비교, 대조해 보니 그중 33편은 본래 복생이 전한 29편과 내용이 중복되었습니다. 단지 「요전」堯典과 「고요모」皐陶謨 두 편을

---

* 서진 회제(懷帝) 때 일어난, 오호십육국 시대의 문을 연 유연(劉淵), 석륵(石勒) 등의 이민족 반란.

각기 두 부분으로 갈라놓은 것에 불과했습니다. 그리고 나머지 25편은 『금문상서』에 없는 것이었습니다.

그 후로 천 년 동안 매색이 바친 『고문상서』는 『상서』의 가장 완전한 판본으로 인정되었습니다. 그런데 송나라에 들어서서 매색의 『고문상서』에 대해 문제가 제기되었습니다. 자구와 의미 면에서 늘어난 25편 모두 본래 있었던 29편과 큰 차이가 있다는 것이었습니다. 청나라 때에 와서는 고증학이 크게 발전해 염약거閻若璩가 『고문상서소증』古文尚書疏證에서 찾을 수 있는 모든 문헌학적 증거를 일일이 나열하고 백 가지가 넘는 논점을 제시하여 『고문상서』가 가짜임을 보여 주었습니다.

염약거의 책이 나옴으로써 이 논란은 마무리되었습니다. 그 25편은 결코 『상서』의 원문이 아니었습니다. 따라서 우리가 믿고 읽을 수 있는 『상서』의 원문은 복생이 전한 29편뿐입니다.

천 년간 누적된 단계적 지식 체계

왜 장패와 매색은 그렇게 큰 공을 들여 『상서』를 날조한 걸까요? 가장 직접적인 동기는 틀림없이 조정의 눈길을 끌어 명리名利와 승진의 기회를 얻는 것이었습니다. 여기에서 한 걸음 더 나아가 묻기로 하지요. 왜 가짜 『상서』는 조정의 특별한 관심을 얻었을까요? 그것은 중국의 뿌리 깊은, 그리고 갈수록 강해지던 "옛것을 존중하는"尊古 관념과 관련이 있습니다.

내가 "모두 매일 일찍 일어나야 합니다"라는 말을 했다고 해 봅시다. 내가 한 이 말을 과연 몇 명이나 듣고 따르고자 할까요? 그런데 내가 다른 방식으로 "문헌의 기록에 따르면 주문왕周文王이 사람들에게 매일 일찍 일어나야 큰일을 할 수 있다고 훈계했다고 합니다"라고 말한다면, 사실 말의 내용은 완전히 같은데도 더 많은 사람의 마음을 움직일 수 있을 겁니다.

왜 주문왕이 한 말이 내가 한 말보다 더 효과적일까요? 그 이유는 전통적인 중국 사회에서는 굳이 설명할 필요도 없습니다. 주문왕은 오래전 사람이고, 오래된 말일수록 더 진리에 가깝고 권위가 있기 때문입니다.

옛것을 존중하는 정신은 중국 역사학의 발전을 촉진했고, 또한 우리가 오늘날 천 년의 고서들을 읽을 수 있는 기본 조건을 창출했습니다. 옛것을 존중했기 때문에 옛날 중국인들은 번거로움을 무릅쓰며 오래된 것을 보존하고 몇 배나 되는 시간과 정력을 들여 불편한 문자와 말과 분리된 복잡한 문법을 기꺼이 배웠습니다. 하지만 옛것을 존중한 탓에 중국 문화는 일정한 대가를 치르기도 했습니다.

그중 하나는 바로 사람들이 "옛사람에게 의지해 말하는" 습관을 갖게 된 겁니다. 옛날 중국 문헌은 대부분 전주傳注 형식에 속합니다. 이것은 단계별로 고대 문헌을 해석하는 동시에 역시 단계별로 옛사람에게 의지해 말하는 형식입니다. '경經-전傳-주注-소疏'가 그 기본 단계인데, 전의 용도는 경을 해석하는 것이고, 주의 용도는 경과 전을 해석하는 것이며, 소의 용도는 경, 전, 주를 해석하는 겁니다. 이렇게 한 단계 한 단계 겹쳐지며 그 내부에서 해석의 권한이 명확히 안배되어, 아래 단계의 해석은 위 단계의 해석을 의심하거나 변경할 수 없습니다.

요컨대 "옛것을 존중하여"尊古 "옛것을 숭상하는"崇古 데 이르렀고, 엄격한 권위적 지식 체계를 수립함으로써 나중에 나온 지식을 오래되거나 먼저 나온 지식 아래 배치해 양자를 똑같이 취급하는 것을 금지했습니다. 그래서 후대 사람은 아무리 똑똑하고 학문이 뛰어나도 주나 소, 집해集解에 힘을 쏟을 수밖에 없었습니다. 주희 같은 대유학자도 송나라에 태어났던 탓에, 그가 중국 학술에 가장 큰 영향을 준 저작은 자신의 개인 저서나 어록이 아니라 고대 경전을 대상으로 집필한 집해였습니다. 그는 『예기』에서 『대학』大學과 『중용』中庸을 떼어 내 『논어』, 『맹자』와 나란히 사서四書로 만들었지요. 다시 말해 그는 자신의 철학적 의견을 어떻게 고서에 덧붙여 개진할 것인지 그 방법을 찾아냈던 겁니다.

　이런 단계적 지식 체계가 후대 사람들의 생각과 관점을 얼마나 심하게 제한했을지 우리는 어렵지 않게 상상할 수 있습니다. 만약 누가 늦게 태어났다면 경과 전은 못 쓰고 소와 집해를 집필할 수밖에 없었습니다. 설령 경과 전을 쓸 만한 학문적 깊이가 있어도 소와 집해를 쓸 수 있을 뿐, 옛사람의 경과 전과 주를 넘어설 수는 없었습니다. 이것은 옛사람이 말한 적이 없고 표현한 적이 없는 것을 후대 사람이 말하거나 표현할 수 없었음을 뜻하기도 합니다.

　말하고 싶고 표현하고 싶은 것이 있으면 단지 옛사람의 입을 통해서만 말할 수 있었습니다. 그리고 "옛것을 존중하고" "옛것을 숭상하는" 것의 또 다른 면은 바로 "옛것을 조작하는"偽古 것에 대한 강한 유혹이었습니다. 자기가 하고 싶은 말을 옛사람의 입을 통해 해야만 했을 뿐만 아니라, 다른 사람과 논쟁하고 반대 의견을 낼 때도 옛사람의 도움을 받아야 했다고 생각해 보십시오. 만약 누가 주문왕의 말을 인용해 사람은 일찍 일어나야 한다고 주장했다고 해 봅시다. 그런데 당신은 거꾸로 늦게 자고 늦게 일어나는 것도 좋다고 생각해 그것의 장점을 다른 사람들에게 피력하고 싶습니다. 그렇다면 유일한 방법은 늦게 일어나면 하루 종일 활력을 유지할 수 있다고 말했다는 옛날 요堯의 발언을 찾아내거나 지어내는 것뿐입니다.

오늘날 중국의 전통 경전을 읽을 때는 이 점을 꼭 염두에 둬야 합니다. 지난 백여 년간 중국 사회는 천지개벽에 가까운 변천을 겪었고, 지식에도 상응하는 변화가 일어났습니다. "옛것을 존중하고" "옛것을 숭상하는" 가치가 "새것을 추종하고" "새것을 숭상하는" 가치로 바뀌었습니다. 그래서 "옛것을 존중하고" "옛것을 숭상하는" 편견에서 벗어나 수많은 문헌을 종합적으로 검토하고 정리할 수 있게 되었습니다.

그 문헌들이 어느 시대에 만들어졌는지에 관한 전통 학설을 우리는 무작정 받아들여서는 안 됩니다. 전통적으로 서주 시대의 것으로 간주되어 온 문헌들에 대해 우리는 경각심을 갖고 과연 어느 시대의 인물이 그런 주장을 했는지 살펴봐야만 합니다. 비록 엄밀한 이론은 아니지만 근대에 구제강顧頡剛이 『고사변』古史辯에서 제기한 '고사층루구성설'古史層累

構成說은 여전히 우리가 참고할 만한 가치가 있습니다.

극단적으로 "옛것을 숭상하던" 풍조가 근대로 접어들어 갑자기 극단적으로 "옛것을 의심하는"疑古 풍조로 바뀌면서 서주 중기 이전의 중국사가 통째로 회의의 대상이 되었습니다. 사마천이 중국 편년사의 시작으로 삼은 서주 공화共和* 이후는 규명 가능한 『좌전』左傳의 자료가 있으므로 근거를 갖춘 믿을 만한 역사인 셈입니다. 그러나 전통적인 관점에 따르면 서주 이전에도 반고盤古부터 황제黃帝, 치우蚩尤를 거쳐 삼황오제三皇五帝와 요, 순舜, 우禹, 탕湯, 문왕, 무왕, 주공周公에 이르는 대단히 길고 풍부한 역사가 있었다고 합니다. 이것은 대체 어디에서 비롯된 의견일까요?

구제강의 견해는 간단히 말해 춘추전국시대에 중국에서 대대적인 고대사 창조 운동이 벌어졌다는 겁니다. 당시는 대토론의 시대여서 다양한 의견이 부수히 쏟아져 나와 서로 경쟁을 벌였는데, 그 과정에서 자기 의견의 신뢰도를 높여 논적을 제압하기 위해 많은 사람이 약속이나 한 듯 고대의 권위를 날조해 그것에 의지했던 것이지요. 또한 "옛것을 존중하고" "옛것을 숭상하는" 분위기에서 오히려 나중에 등장한 의견일수록 더 오래된 고대사의 권위에 의지하려 했다고 구제강은 설명합니다.

* 기원전 841년.

주나라의 관념에 입각한 의견을 반박하려면 주나라 이전의 상나라에 의지해야 했습니다. 또 상나라의 관념이라고 호언장담하는 의견을 뒤집으려면 상나라보다 더 오래된 요나 순이나 우에게 의지해야 했습니다. 그러면 요순에게 의지하는 의견을 반박하려면 어떻게 해야 했을까요? 당연히 요순보다 더 전의 소호少昊, 황제에게 도움을 요청해야 했습니다!

그래서 시간적으로 더 오래된 인물, 사건, 사상일수록 흔히 더 나중에 창조되었습니다. 그 과정에서 중국 고대사는 역방향으로 계속 더 오래된 내용이 보태졌지요. 이것이 바로 '고사층루구성설'의 기본 관점입니다.

하지만 구제강의 이 학설이 다 옳은 것은 아닙니다. 그가 이 학설을 제기한 뒤, 허난성河南省 안양安陽에서 은허殷墟가 발굴되어 중국의 믿을 만한 역사가 서주 중기에서 은상殷商**까지 올라갔습니다. 아울러 『사기』「은본기」殷本紀에 나열된 계보와 갑골문의 기록이 대체로 일치하여, 은상의 건립 과정에 대한 『사기』의 서술이 일정한 사실에 기초했다는 추정이 가능해졌습니다. 따라서 우리는 '고사층루구성설'을 기계적으로 적용해 곤鯀의 시대가 우보다 이르다고 해서 곤의 기록이 우보다 늦게 나왔다고 단정해서는 안 됩니다.

** 기원전 1300년 무렵 반경(盤庚)이 수도를 은으로 옮기고 난 뒤의 상나라를 칭하는 말.

구제강의 학설을 전적으로 받아들여서는 안 되지만, 어쨌든 그것은 중요하고 유용한 문제 제기입니다. 우리가 너무 순진하고 단순하게 중국 고대사를 받아들이지 않게 해 주니까요. 중국 고대사는 그것이 구성된 과정이 있고, 또 그런 과정을 밟게 된 동기도 있습니다. 고대사의 기록을 절대 역사적 사실과 함부로 동일시해서는 안 됩니다.

3천 년 전의 정치 계몽

한 글자의 여러 뜻과 용도

『상서』는 '우하서'虞夏書와 '상서'商書와 '주서'周書로 나뉩니다. 전통 독법에 따르면 『상서』는 이렇게 기나긴 역사 시대를 포괄하는데, 요, 순, 하, 상, 주가 남긴 조정 문서를 수록했습니다. 그 가운데 가장 이른 것이 「요전」이고, 그다음은 「탕서」湯誓를 필두로 한 상나라 문서이며, 마지막은 「목서」牧誓 등의 주나라 문서입니다.

그런데 이런 순서로 먼 시대에서 가까운 시대로 고대 문헌을 인식하면 날조자의 속임수에 넘어가게 됩니다. 구제강의 경고에 감사해야 할 일이지요. 그래서 『상서』는 거꾸로 읽는 것이 가장 좋습니다. 주서에서 시작해 상서로 넘어가고, 『상서』의 문체와 내용에 어느 정도 익숙해지면 우하서를 읽는 겁니다.

그러면 『상서』 주서 「주고」酒誥부터 읽기로 합시다. 서주 초기, 동생인 강숙康叔이 위衞나라에 봉해졌을 때 주공이 그에게 훈계한 내용을 조정의 기록으로 남긴 것이 바로 이 글입니다. 위나라 지역에는 상나라 유민들의 본거지인 상나라의 옛 도읍지 조가朝歌가 있었습니다. 강숙이 맡은 임무에는 그곳에 사는 상나라 유민 집단을 잘 통치하는 것이 포함되어 있었습니다.

「주고」의 문자와 통사 구조는 모두 금문과 대단히 유사합니다. 그래서 그 글은 맨 처음에는 청동기에 주조되어 공식적인 봉건 의례에서 강숙에게 하사되었을 가능성이 큽니다.

금문은 문장부호가 없고 『시경』처럼 어디서 문장을 끊을지 단서를 주는 소리의 규칙도 없어 문장을 끊어 읽기가 대단히 어렵습니다. 그래서 당시 사람들은 몇 가지 기호를 이용해 통사 구조를 표시했습니다. 그 기호들은 문자이긴 하지만 소리나 의미를 표시하지 않고 문법적인 보조 기능만 담

당했습니다. 그런 허자虛字가 금문처럼 『상서』에도 많이 쓰였다는 것은 그 문자 체계가 말과는 전혀 무관하게 시각 기호의 형식으로 존재했음을 한층 더 명확히 설명해 줍니다.

「주고」의 시작은 '王若曰'(왕약왈), 즉 '왕께서 말씀하셨다'이고, 「대고」大誥의 시작도 '王若曰'이며, 「강고」康誥와 「다사」多士는 첫 단락이 아닌 두 번째 단락의 시작이 '王若曰'입니다. 그리고 「군석」君奭의 시작은 '周公若曰'(주공약왈), 즉 '주공께서 말씀하셨다'이지요. 이런 예를 통해 우리는 '若' 자가 경의를 표시하는 기호로, 보통 문장에서 중요한 인물이 처음 입을 열 때 그의 존귀한 지위나 그가 말하는 내용의 중요성을 강조하는 데 쓰였음을 알게 됩니다. 이 글자의 기능은 오늘날 우리가 이모티콘으로 진지하고 엄숙한 표정을 표시하는 것과 큰 차이가 없습니다.

한 가지 번거로운 점이 있습니다. 앞에서 언급한 것처럼 금문에 쓰인 문자 기호는 갑골문보다 적었습니다. 그래서 흔히 하나의 문자 기호가 여러 기능을 담당했습니다. 예컨대 若은 때로는 단순한 표시 기능만 했지만, 때로는 의미를 가진 문자로서 '~와 같다'는 뜻으로 쓰이기도 하고 '유약하다'나 '어리다'라는 뜻으로 쓰이기도 했습니다. 따라서 우리는 누적된 독해의 경험을 기반으로 최대한 조심스럽게 그 기능을 분별해야만 합니다.

『상서』에서 비교적 믿을 만한 편들은 문법이 금문에 가까우며, 본래 청동기에 주조된 구절을 베낀 것일 가능성이 큽니다. 그런데 현존하는 금문을 검증한 경험으로 미루어 보면, 복잡한 공예 기술과 금문에 대한 장인들의 이해 부족으로 청동기에 주조된 문자에는 불가피하게 수많은 오류가 섞여 들어갔습니다. 가장 비근한 예는 동일한 공정으로 함께 주조된 청동기들의 명문이 서로 차이가 있는 경우입니다. 이것은 의심할 여지 없이 주조 과정에서의 실수로 빚어진 결과입니다.

주조할 때도 실수가 생기지만, 청동기의 명문을 베껴 쓸 때도 실수가 생길 수 있습니다. 뿐만 아니라 나중에 옛날 대전으로 쓰인 내용을 한나라 때 통용되던 금문今文으로 고쳐 쓸 때도 실수가 있었을지 모른다는 점 또한 잊어서는 안 됩니다.

솔직히 말해 우리는 『상서』를 읽으면서 그 의미를 대체적으로 추리하고 파악하는 수밖에 없습니다. 그렇게 해서 도달하는 이해의 수준은 결코 『시경』에는 미치지 못합니다.

주나라 사람의 깊은 우려

왕께서 말씀하셨다. "위나라에 중대한 명을 밝혀라."

王若曰, "明大命於妹邦."

왕(주공)이 위나라에 봉해진 강숙에게 "너는 본래 상나라 주왕紂王의 것이었던 땅에 가서 그들에게 이 중대한 명령을 분명히 알려라"라고 말합니다. '중대한 명령'大命이란 주공이 성왕成王을 대신해 형제 국가인 위나라에 강숙을 봉한 것을 뜻합니다. 강숙은 그 명령을 수행하게 되었지요.

"돌아가신 문왕께서는 서쪽 땅에 나라를 세우시고 많은 방국邦國과 신하 그리고 소정少正과 어사御事에게 분명히 알리고자 아침저녁으로 말씀하시길, '제사 때만 술을 마신다'라고 하셨다."

"乃穆考文王, 肇國在西土, 厥誥毖庶邦庶士, 越少正御事, 朝夕曰, '祀兹酒'."

주공은 "우리의 대단하신 아버지 문왕께서 서쪽 지방에 나라를 세웠던 일을 잊어서는 안 된다"라고 강숙에게 일러 말합니다. '肇'(조)는 '시작하다' '세우다'라는 뜻입니다. 그리고 '厥'(궐)은 대명사로 앞 문장의 문왕을 가리킵니다. '誥毖'(고비)는 분명하게 알린다는 뜻이지요. 또한 '庶'(서)는 복수 표시이므로 '庶邦'(서방)은 주나라에 속해 있던 방국을, 그리고 '庶士'(서사)는 밑에서 일을 책임지던 신하들을 말합니다. 이어서 '越'(월)은 금문에서 흔히 보이는 접속사로서 영어의 'and'와 거의 유사하지만 때로는 전환이나 인과의 기능으로 쓰이기도 합니다. 그다음에 나오는 '少正'(소정)과 '御事'(어사)는 둘 다 중요한 관직명입니다. 따라서 이 부분의 전체적인 뜻은 "아직 서쪽 지방에 계실 때 문왕께서는 늘 아침저녁으로 모든 사람에게 한 가지 중요한 원칙을 알리길, '제사를 지낼 때만 술을 내실 수 있다'라고 하셨다"입니다.

"하늘은 처음 우리 백성에게 명을 내려 큰 제사에만 쓰라 하셨다."

"惟天降命肇我民, 惟元祀."

주공은 천명天命에 대한 주나라 사람의 관념을 끌어들여 강숙에게 일깨웁니다. "우리가 나라를 세우고 발전할 수 있었던 것은 사람의 힘 덕분이 아니라 하늘이 내려 주신 기회와 사명 덕분이었다. 따라서 큰 제사를 치를 때만, 다시 말해 하늘에 제사를 올릴 때만 술을 사용하고 마실 수 있다"라고 말입니다.

"하늘이 멸망을 내리는 것은 우리 백성이 덕을 잃고 행실이 문란해져서인데, 오직 술에 의해 그렇게 된다. 크고 작은 방국이 망한 것도 오직 술에 의해 그렇게 해를 입은 것이다."

"天降滅, 我民用大亂喪德, 亦罔非酒惟行, 越小大邦用喪, 亦罔非酒惟辜."

이어서 비교적 정연한 대구가 등장합니다. 우선 하늘은 우리에게 기회를 주기도 하지만 우리를 벌하기도 하는데, 우리가 술로 인해 덕을 잃고 행실이 문란해질 때 그렇게 한다고 말합니다. '罔非…… 惟'(망비…… 유)는 아주 강렬한 표현 방식으로 '반드시' '오로지 그렇게만'이라는 뜻입니다. 그다음에는 "그것을 우리는 어떻게 아는가? 과거의 경험 때문이니, 크든 작든 이미 멸망한 방국은 반드시 술 때문에 해를 입었다"라고 말합니다.

　여기에서 주나라 사람의 두 가지 신념이 분명하게 드러납니다. 첫 번째는 천명입니다. 주나라 사람은 서쪽 변방의 소국이었던 자신들이 스스로 '대읍상'大邑商이라는 존칭어로 불렸던 강대국 상나라를 일거에 격파할 수 있었던 것은 뒤에 초월적인 하늘의 의지가 있었기 때문이라고 믿었습니다. 그런데 하늘은 사람이 통제하고 좌우할 수 있는 존재가 아니지요. 그저 덕을 잃고 행실이 문란해지지 않도록 조심하며 천명을 지킬 뿐입니다. 상나라는 본래 백성을 돌보는 데 힘쓰며 천명을 유지했지만, 나중에 덕을 잃고 행실이 문란해져 그들에게 있었던 천명이 주나라로 옮겨 갔습니다. 이와 마찬가지로 주나라 사람이 함부로 행동한다면 천명은 또 다른 곳으로 옮겨 가 주나라는 파멸하고, 주나라 사람도 상나라 사람처럼 비참한 망국의 노예로 전락할 겁니다.

　상나라의 운명은 주나라 사람에게 깊은 우환憂患 의식을 심어 주었고, 그들을 오랫동안 긴장과 경계의 상태에 머물게 했습니다. 특히나 그들은 천명이 아직 자신들에게 있다는 것을 어떻게 감지해야 할까 고민했습니다. 이로부터 그들의 두 번째 신념이 생겼습니다. 이 역시 상나라의 경험에서 얻은 교훈이었습니다. 주나라 사람이 상나라가 멸망하는 과정에서 본 최악은 그들이 술에 탐닉해 이성을 잃고 갖가지 악행을 저지른 현상이었습니다. 그래서 주나라 사람은 음주와 폭음이야말로 본래 천명을 갖고 있던 민족이 하늘에게 버림받아 천명을 잃었음을 알려 주는 주된 기미라고 믿었습니다.

이것은 막스 베버가 『프로테스탄트 윤리와 자본주의 정신』에서 묘사한 칼뱅주의 교도의 우려와 흡사합니다. 칼뱅주의 교파는 '예정설'을 주장하며, 전지전능한 하느님이 애초에 완벽한 계획을 세워 누가 천국에 가고 누가 지옥에 갈지 다 정해 놓았다고 믿었습니다. 보잘것없는 인간이 현세에서 어떻게 살았는지에 따라 하느님의 결정이 바뀔 리 없다고 생각했지요. 만약 하느님이 명단과 성적표를 들고서 한 사람 한 사람의 삶을 평가해 천국에 보낼지 지옥에 보낼지 결정한다면 전지전능하다고 할 수 없지 않겠습니까? 그래서 자신의 행위로 하느님의 결정을 바꿀 수 있다고 생각하는 것은 인간의 오만과 지나친 자신감일 뿐이라고 보았습니다.

따라서 칼뱅주의 교리에 따르면 수많은 사람 중에 누가 미리 선택된 자인지는 이미 일찌감치 결정되어 있습니다. 아무리 좋은 일을 많이 하고 공부를 많이 해도 예정된 결과를 바꾸지는 못합니다. 그렇다면 어떤 교도는 "무슨 짓을 해도 결과는 바뀌지 않으니 내 마음대로 실컷 즐기며 살아도 되겠군!"이라고 생각하지 않았을까요?

그렇지 않았습니다. 칼뱅주의 교파에서 누가 방탕한 생활을 하면 주변 사람의 동정과 연민의 대상이 되었습니다. 아무도 그를 선망의 눈빛으로 보지 않았습니다. 그런 행위는 그가 하느님에게 버림받은 사람으로서 사후에 지옥에 갈 운명이라는 것을 증명해 주기 때문이었습니다. 따라서 그런 사람은 마음속 두려움 때문에 단테의 『신곡』에 지옥이 어떻게 묘사되어 있는지 감히 살펴볼 엄두도 내지 못했을 겁니다.

칼뱅주의 교도의 우려는 자신이 하느님의 예정자 명단에 있는지 스스로를 어떻게 납득시키느냐에 있었습니다. 그들은 매우 신중하게 '미리 선택된 자'의 태도를 유지했습니다. 하느님이 게으름뱅이를 선택했을 리는 없으니까요. 바꿔 말하면, 하느님에게 선택된 사람은 게으를 리가 없었습니다. 그래서 그들은 일을 하지 않을 수 없었고, 조금만 나태해지면 자기가 예정자 명단에 없는 사람이어서 이런 것이 아닐까 우려했습니다. 또한 하느님에게 선택된 사람이라면 역시 이 치상 세상의 즐거움을 탐할 리 없고, 세속적인 욕망에 빠질 리는 더더욱 없었습니다. 그래서 그들은 소박하고 청빈한 생활을 해야 했지요. 조금만 비싼 음식을 먹어도, 조금만 화려한 집에 살아도, 조금만 고급스러운 음악을 들어도 몹시 긴장하며 두려워했습니다. 내가 예정자 명단에 없어 세속적인 즐거움을 좋아하는 것이 아닐까 하고 말입니다.

베버는 그런 깊은 우려 속에서 어떤 기괴한 삶의 태도가 나타났다고 분석했습니다. 바로 근면하게 일해서 성취를 얻고 돈을 벌기는 하지만 절대로 그 성취와 부를 즐거움과 바꾸지는 않는 태도였습니다. 그러면 대신 어떻게 했을까요? 이미 얻은 부를 열심히 더 많은 부와 바꾸었습니다. 바로 이런 가치 선택의 과정에서 자본 축적과 '자본주의 정신'이 형성되었습니다.

천명에 관한 주나라 사람의 관념도 그들이 유사한 우려를 하도록 만들었습니다. 신중하게 성공적인 국가를 건설했지만 절대 자만하거나 해이해지지 않고, 끊임없이 스스로를 성찰하며 천명의 불만이나 이탈을 암시하는 기미가 있지는 않은지 관찰했습니다. 이것이 주나라 사람의 정신이자 주나라 문화의 바탕이었습니다.

원칙과 융통성

그다음 부분을 보겠습니다.

"문왕께서는 젊은 사람과 각급 관리들에게 평상시에 술을 마시면 안 된다고 훈계하셨다. 그리고 여러 방국은 제사 때만 술을 마셔야 하고, 제사 때도 덕을 지켜야지 취해서는 안 된다고 하셨다."

"文王誥教小子, 有正有事, 無彝酒, 越庶國飲, 惟祀, 德將無醉."

주공은 이어서 "문왕께서는 젊은 사람들과 신하들에게 평상시에 술을 마시지 말라고 훈계하셨다"라고 말합니다. '彝'(이)는 '항상' 또는 '불변의'라는 뜻을 갖고 있습니다. 그리고 "여러 방국은 제사를 지낼 때만 술을 마셔야 하고, 제사 때 술을 마시더라도 정당한 태도를 유지해야지 취해서는 안 된다고 하셨다"라고 말합니다.

"나는 너희 젊은 사람들을 애써 이끌려 하는데, 오직 이 땅에서 나는 것을 사랑하라. 착한 마음을 먹고 조상의 변함없는 가르침에 밝게 귀 기울여 크고 작은 덕을 모두 똑같이 대하라."

"惟曰我民迪小子, 惟土物愛. 厥心臧, 聰聽祖考之彝訓, 越小大德, 小子惟一."

'惟曰'(유왈)은 표시를 위한 기호입니다. 주공이 강숙을 간곡히 타이르는 이 부분과 앞선 문왕의 훈계를 구분 짓고 있지요. '民'(민)은 '勉'(면)과 같은 뜻입니다. 여기에서 주공은 "나는 너희 젊은 사람들이 특별히 땅에서 나는 것을 사랑하라고(농업을 중시하라고) 애써 권한다. 너희는 착한 마음을 먹고 조상의 변함없는 가르침에 귀를 기울여 작은 덕이든 큰 덕이든 똑같은 태도로 중시해야 한다"라고 말합니다. '聰'(총)은 본래 귀가 밝아 작은 소리까지 똑똑히 들을 수 있는 것을 의미합니다.

이렇게 먼저 '젊은 사람들'小子에게 주나라 사람의 특성을 지키라고 권면하고서, 강숙이 가려는 곳에 관해 대조적으로 서술합니다.

"위나라 사람은 자기 팔다리로 열심히 기장과 피를 심고 분주히 조상과 어른을 섬겨야 한다. 힘들여 소로 수레를 끌고 먼 곳에 가서 장사를 해 부모를 봉양하여 그 부모가 기꺼워하며 잔치를 열어 준다면 술을 얻을 수 있다."

"妹土嗣爾股肱, 純其藝黍稷, 奔走事厥考厥長. 肇牽車牛遠服賈, 用孝養厥父母, 厥父母慶, 自洗腆, 致用酒."

주공은 강숙에게 이르길, "위나라 사람들은 네가 다스려야 할 신민臣民이니, 그들이 힘써 밭을 일궈 기장과 피 같은 작물을 생산하고 성실하게 부모와 어른을 섬기게 해라. 만약 부모를 잘 봉양하고자 힘들게 소로 수레를 끌어 먼 지방에 장사하러 갔다가 돌아와 부모가 기쁘게 차려 주는 잔칫상을 받는다면 술을 좀 미실 수도 있다"라고 말합니다. '服賈'(복가)는 장사를 한다는 뜻이고 '洗腆'(세전) 또는 '先腆'(선전)은 성대한 잔치를 여는 것을 가리킵니다.

주공은 먼저 강숙에게 주나라 사람의 음주 원칙을 정해 준 뒤, 강숙이 다스릴 지역(위나라)에 사는 상나라 유민의 음주 방식을 어떻게 관리할지 일러 줍니다. 그런데 양자는 아주 확연하게 다릅니다. 본래 주나라 사람은 전형적인 농업

민족이었으므로 상나라 유민이 농사를 중요하게 생각하기를 바랐습니다. 하지만 그들이 전혀 다른 삶의 방식을 영위해 왔다는 것도 잘 알았습니다. 그들은 소로 수레를 끌어 고향에서 멀리 떨어진 곳까지 가서 장사를 했습니다. 그들이 기나긴 여정을 마치고 돌아오면 부모가 잔치를 열어 환영해 주는 것은 당연했지요. 그런데 그럴 때 술을 못 마시게 한다면 사리에 어긋나는 처사가 아니겠습니까?

이 부분에서 우리는 상나라 유민이 동물과 관계가 꽤나 밀접했다는 것을 알 수 있습니다. 그들은 일찍부터 동물의 힘을 이용해 상대적으로 우수한 이동과 활동 능력을 개발했습니다. 비록 명확한 문헌 자료는 남아 있지 않지만, 전통적으로 한곳에서 가게를 여는 방식의 장사를 '賈'(가)라 하고 물건을 싣고 장소를 옮겨 다니는 방식의 장사를 '商'(상)이라 했는데, 이 '商'은 상나라의 '商'과 틀림없이 연관이 있어 보입니다.

"여러 벼슬아치와 제후는 나의 가르침을 듣고 법으로 삼아라. 너희는 노인과 윗사람에게 미식美食을 바칠 때에야 배불리 먹고 취하도록 마실 수 있다."

"庶士有正越庶伯君子, 其爾典聽朕教. 爾大克羞耉惟君, 爾乃飲食醉飽."

주공은 각급 관리와 제후와 귀족에게 자신의 지시를 따르라고 이른 뒤, 오직 "노인과 윗사람에게 미식을 바칠 때에야 배불리 먹고 취하도록" 마실 수 있다고 말합니다. '羞'(수)는 미식을 의미하며, 동사로는 '미식을 바친다'는 뜻입니다. 그리고 '耉'(구)는 오래 산 노인, '君'(군)은 지위가 높은 윗사람입니다.

"생각해서 말하노니, 너희가 늘 자세히 보고 살펴서 행동이 덕에 들어맞는다면 미식을 바치는 제사를 주관할 때 술을 마셔도 된다."

"丕惟曰, 爾克永觀省, 作稽中德, 爾尙克羞饋祀, 爾乃自介用逸."

'丕'(비)는 새로 단락을 나눌 때 쓰는 기호입니다. "너희가 평상시에 자신의 모든 행동이 기준에 맞는지 관찰하고 성찰할 수 있다면, 신에게 미식을 바칠 때는 경계를 풀고 술을 좀 더 마셔도 된다"고 하는군요.

'稽'(계)와 '中'(중)은 다 부합하고 적중한다는 뜻이며, '德'(덕)은 정당한 행위의 기준을 말합니다. '饋'(궤)는 바치고 선물한다는 뜻이고, '自介'(자개)는 스스로 추구한다는 뜻이며, '用逸'(용일)은 상궤에서 벗어나는 것을 가리킵니다.

다음은 주공이 강숙에게 위나라에 가서 그곳의 귀족과 관리에게 들려주기를 바라며 하는 훈계입니다.

"이러면 너희는 책임을 다하는 왕의 신하로서 하늘의 선한 덕을 얻은 것이니, 조정에서 쫓겨날 일은 오랫동안 없을 것이다."

"茲乃允惟王正事之臣, 茲亦惟天若元德, 永不忘在王家."

'忘'(망)은 여기에서 잊는다는 뜻이 아니라 '亡'(망)과 마찬가지로 멸망한다는 뜻입니다.

주공께서 말씀하셨다. "봉아, 우리가 서쪽 지역에 있던 시절에 제후와 관리와 젊은이까지 다 문왕의 가르침을 숭상하고 행하여 술에 빠지지 아니하였다. 그래서 우리는 오늘날에 이르러 상나라로부터 천명을 이어받을 수 있었다."

王曰, "封, 我西土棐徂邦君御事小子, 尚克用文王教, 不腆於
酒, 故我至於今, 克受殷之命."

'封'(봉)은 주공이 강숙을 부르는 호칭입니다. '棐徂'(비조)
는 과거, 옛날이라는 뜻이지요. 여기에서 주공은 주나라가
상나라로부터 천명을 이어받아 상나라를 격파할 수 있었던
것은 술에 탐닉하지 않은 덕분이라고 거듭 강조합니다. 그러
면서 강숙이 위나라에 가서도 그곳 사람들에게 물들지 않고
본래의 청정한 규칙을 잘 지키기를 희망합니다.

상나라의 실패를 거울로 삼다

주공께서 말씀하셨다. "봉아, 내가 듣건대 옛날 상나라의
똑똑하고 능력 있는 왕들은 천명과 백성을 두려워하며 지혜
를 갖고 정확한 규범에 따라 일을 행하였다. 탕왕湯王부터
태을太乙까지 모두 성공한 왕으로서 자신을 열심히 보좌하
는 재상을 두었다. 그들은 신중한 태도로 감히 방종하여 바
른 길에서 벗어나는 일이 없었으니, 하물며 감히 술에 빠지

지 않은 것은 말할 필요가 있겠느냐?"

王曰, "封, 我聞惟曰, 在昔殷先哲王, 迪畏天顯小民, 經德秉哲, 自成湯咸至於帝乙, 成王畏相. 惟御事厥棐有恭, 不敢自暇自逸, 矧曰其敢崇飮?"

이번에 주공은 상나라 초기의 현명한 군주들은 결코 술에 탐닉하는 일이 없었다고 말합니다.

'迪'(적)은 뜻이 없는 글자이고, '天顯'(천현)은 곧 천명입니다. '棐'(비)는 여기에서는 보좌하고 협조한다는 뜻이며, '矧曰'(신왈)은 강조에 쓰이는 관용어로 '하물며'나 '더욱이 말할 필요가 없다'는 뜻입니다.

본래 상나라도 신중한 자기 절제에 힘입어 발전했습니다. 주공은 또 이어서 말합니다.

"후侯, 전甸, 남男, 위衛 작위를 가진 바깥의 제후와 중앙에 있는 각급 관리, 부족의 수령과 낙향한 퇴직 관리까지 모두 감히 술에 탐닉하지 못했다. 감히 그러지 못했을 뿐만 아니라 그럴 겨를도 없었다. 왕의 밝은 덕을 드러내고, 백성을 다스리고, 그들이 법을 공경하게 하느라 바빴던 것이다."

"越在外服, 侯甸男衛邦伯, 越在內服, 百僚庶尹惟亞惟服宗工,
越百姓里居, 罔敢湎於酒. 不惟不敢, 亦不暇. 惟助成王德顯,
越尹人祗辟."

왕과 재상만 술을 안 마셨던 것이 아니었습니다. '외복'
外服이라 불리던 방국의 제후도, '내복'內服이라 불리던 중앙
의 각급 관리도, 그리고 퇴직한 관리까지 모두 술을 자제했
습니다. 사실 자기 직분을 지키느라 바빠 술을 마실 겨를이
없었던 것이지요. '尹'(윤)은 다스린다는 뜻이고, '祗'(지)는
'敬'(경)이며 '辟'(벽)은 법을 의미합니다.

이제 화제는 다음 포인트로 넘어갑니다. 상나라 사람이
그토록 성실하게 자기 직분에 충실했다면 어째서 나라가 망
한 걸까요? 내조직인 어떤 변화가 있었기 때문입니다. 이에
대해 주공은 이렇게 말합니다.

"내가 또 들었는데, 최근에 자리를 이어받은 왕이 술을 너
무 좋아해서 그의 명령이 백성에게 전해지지 않기에 이르렀
다고 한다. 그런데도 그는 현실에 안주하여 백성이 원망하
는데도 변하지 않았다고 한다."

"我聞亦惟曰, 在今後嗣王酣身, 厥命罔显于民, 祇保越怨不易."

"최근에 자리를 이어받은 왕"은 주왕을 가리킵니다. '酣'(감)은 술에 빠진 모양을 의미하며, '保'(보)는 '安'(안), 즉 자신의 행태에 안주한다는 뜻입니다.

"그는 방종하고 무절제하게 부적절한 향락에 빠져 잔치를 벌이느라 위엄을 잃었으며, 이에 백성은 고통스러워하고 마음 아파했다. 그는 오로지 술에 탐닉해 스스로 그치지 못하고 즐기기만 했다."

"誕惟厥縱淫泆於非彝, 用燕喪威儀, 民罔不盡傷心. 惟荒腆于酒, 不惟自息乃逸."

'誕惟'(탄유)는 뜻 없이 접속의 기능만 하는 단어입니다. '淫'(음)의 본래 뜻은 비가 계속 내려 물에 잠기는 것이고 '泆'(일)은 물이 수로에 흘러넘치는 것을 가리키는데, 모두 자제력을 잃고 무절제한 상태를 형용합니다. '盡'(혁)은 몸이 다쳐 아픈 것을 말하는데, '傷心'(상심)과 합쳐져 당시 백성이 현실적인 손해와 마음의 고통을 당한 것을 서술하고 있습니다.

"그는 마음이 독하고 사나워 죽는 것도 두려워하지 않았다. 자기 때문에 죄가 미쳐 상나라가 멸망하는 것도 개의치 않았다. 하늘과 조상에게 전해질 만한 좋은 일은 전혀 한 적이 없기에 제사 지낼 때 백성이 하늘에 고한 것은 죄다 원한이었다. 그의 주변 사람들도 다 술을 마셨는데, 그 냄새가 하늘도 맡을 수 있을 정도였으니, (……)"

"厥心疾很, 不克畏死. 辜在商邑, 越殷国滅無罹. 弗惟德馨香, 祀登聞于天, 誕惟民怨, 庶群自酒, 腥聞在上, (……)"

'疾'(질)은 독이 있어 남에게 병을 일으킬 수 있다는 뜻이고, '很'(흔)은 사납다는 뜻의 '狠'(한)과 통합니다. '辜'(고)는 '罪'(죄)인데, 특히 제대로 공정하게 응징되지 못한 죄를 말합니다. '無罹'(무리)는 개의치 않거나 걱정하지 않는다는 뜻입니다.

"그러므로 하늘이 상나라에 멸망을 내리고 상나라를 사랑하지 않은 것은 다 상나라 사람이 잘못한 탓이다. 하늘이 잔 인해서가 아니라, 그들 스스로 벌을 부른 것이다."

"故天降喪于殷, 罔愛于殷, 惟逸. 天非虐, 惟民自速辜."

'速'(속)은 부른다는 뜻입니다. 그리고 "하늘이 잔인하지 않다"는 말은 동시에 상나라를 격파한 것이 결코 주나라가 잔인했기 때문이 아님을 강조합니다. 역시 상나라 스스로 그 처럼 하늘을 불쾌하게 해 멸망을 당했다는 것이지요.

주왕에 대한 주공의 묘사에는 두 가지 포인트가 있습니 다. 하나는 당연히 주왕이 음주와 향락을 일삼았다는 것입니 다. 이는 훗날 '주지육림'酒池肉林이라는 과장된 이야기로 발 전합니다. 다른 하나는 그가 "죽는 것도 두려워하지 않았다" 不克畏死는 겁니다. 어떠한 권위도 얻지 못한 상태에서 자신의 행위가 어떤 결과를 불러올지, 심지어 자신과 왕조가 멸망하 는 것조차 두려워하지 않았다는 것이지요. 그래서 필연적으 로 그와 상나라는 멸망할 수밖에 없었습니다.

주왕의 이런 이미지는 주나라 사람과 선명한 대조를 이 룹니다. 주왕이 하고 싶은 대로 방탕을 일삼다 결국 그런 최 후를 맞은 것을 교훈으로 삼아, 주나라 사람은 늘 염려하고 반성하며 잠시도 긴장을 풀지 않았습니다. 주나라 사람의 우환 의식은 이렇게 생겨났습니다. 이것은 주나라 초기에 주나라 사람이 확립한 자기 보전의 가치로서 각종 문헌에서 반복해 강조되고 있습니다.

다음 단락에서 주공은 또 강숙에게 말합니다.

주공께서 말씀하셨다. "봉아, 내가 이처럼 많은 훈계를 하려는 것은 아니다. 옛사람이 말하길 '사람은 물에 비춰 보지 말고 백성에게 비춰 보라'고 하였다."

王曰, "封, 予不惟若玆多誥. 古人有言曰, '人無於水監, 當於民監'."

백성을 통해 스스로를 비춰 보는 것이 물에 비춰 보는 것보다 더 분명하게 자신의 진면모를 알려 준다는 겁니다. '監'(감)은 바로 거울을 뜻하는 '鑑'(감)입니다. 매끄러운 사물의 표면에 자신을 비춰 보는 행위이지요. 옛 시에 흔히 쓰이는 '鑑'은 대야에 물을 담아 비춰 보는 것을 말합니다.

"지금 상나라는 자신들의 천명을 잃었으니, 내가 어찌 이것을 중시하지 않고 거울로 삼지 않을 수 있겠느냐?"

"今惟殷墜厥命, 我其可不大監撫於時?"

여기에서 '時'(시)는 곧 '이것'이라는 뜻의 '是'(시)입니다.

"내가 말하노니, 너는 망한 상나라의 현명한 신하와 바깥 부락의 수령, 태사太史들*, 내사內史들**, 여러 종인宗人***, 시중과 제사를 책임지는 자, 사법과 농사와 기물 제작을 관장하는 자에게 잘 알려라. 그들 모두에게 음주를 엄격히 제한한다고."

"予惟曰, 汝劼毖殷獻臣, 侯甸男衛, 矧太史友, 内史友, 越獻臣百宗工, 矧惟爾事, 服休服采, 矧惟若疇, 圻父薄違, 農父若保, 宏父定辟, 矧汝剛制於酒."

'劼'(할)은 신중하다는 뜻이고, '毖'(비)는 알린다는 뜻이며, '獻臣'(헌신)은 곧 '賢臣'(현신)입니다. '矧'(신)은 여기에서는 병렬 기호로 쓰였습니다. 첫 번째, 두 번째, 세 번째 식으로 순서에 따라 배열하는 것을 가리키지요.

---

* 역사와 역법을 관장하는 관리.
** 문서 작성을 관장하는 관리.
*** 종묘와 계보를 관장하는 관리.

이 말은 상나라의 옛 도읍지인 조가 지역을 다스리면서 그에 복무하는 사람들의 음주를 엄격히 관리하라는 내용입니다. '太史'와 '內史' 뒤에 붙은 '友'(우)는 복수를 나타냅니다. 그런 관직을 가진 사람은 단지 한 명이 아니었으니까요. '薄違'(박위)의 '薄'은 다그친다는 뜻의 '迫'(박)이므로, 그 앞의 '圻父'(기보)는 "법을 어기는 자를 다그치는", 즉 범법자를 징벌하는 관직입니다. 또 '若保'(약보)는 잘 양육한다는 뜻이니, 그 앞의 '農父'(농보)는 백성의 양육을 책임지는 관리를 말합니다. 마지막으로 '定辟'(정벽)은 도구 제작의 법도를 정하는 것으로, 그 앞의 '宏父'(굉보)라는 직함의 관리가 맡은 소임이었습니다.

> "혹시 어떤 사람이 너희 무리가 술을 마신다고 고하면 너는 달아나지 못힐지니, 죄다 붙잡아 주나라로 송환하게 하여 내가 죽일 것이다."

> "厥或誥曰, 群飮. 汝勿佚, 盡執拘以歸于周, 予其殺."

음주와 관련하여 주공은 강숙에게 이토록 엄격했습니다. 하지만 상나라 출신 신하와 관리에게는 달랐습니다.

"다만 상나라의 여러 신하와 관리가 술에 빠지면 바로 죽이지는 말고 우선 가르쳐서 제사 때만 술을 마시게 하라."

"又惟殷之迪諸臣惟工, 乃湎於酒, 勿庸殺之, 惟姑教之, 有斯明享."

여기에서 '明享'(명향)은 제사를 가리킵니다.

이것은 명백히 이중적인 기준입니다. 주공은 위나라에 가서 주나라를 대표해 다스릴 이들에게는 엄격히 금주를 명하며, 이를 어길 시에는 모조리 붙잡아 송환해 목숨을 빼앗겠다고 엄포를 놓았습니다. 그런데 상나라 유민에게는 똑같은 기준을 적용하면 안 된다고, 그들은 음주가 습관이니 시간을 주어 조금씩 절제해 제사 때만 술을 마시게 하라고 강숙에게 거듭 충고한 겁니다.

"만약 가르쳐도 듣지 않고 나조차 신경 쓰지 않고서 습관을 못 버린다면 똑같이 죽여야 한다."

"乃不用我教辭, 惟我一人弗恤, 弗蠲乃事, 時同于殺."

'恤'(휼)은 신경 쓴다는 뜻이고, '蠲'(견)은 없앤다는 뜻입니다.

마지막으로 주공은 이렇게 정리합니다.

주공께서 말씀하셨다. "봉아, 너는 내가 한 말을 잘 듣고 네가 다스리는 백성이 술에 탐닉하는 일이 없게 하라."

王曰, "封, 汝典聽朕毖, 勿辯乃司民湎於酒."

여기에서 '辯'(변)은 '使'(사)처럼 사역 기능을 합니다.

치국의 원칙을 탐구하다

청동기 명문과의 대조를 통해 우리는 앞의 글이 주나라 초기의 글이 맞다는 확신을 갖게 됩니다. 이 글에는 후대엔 쓰이지 않는 유별난 글귀가 많습니다. 또한 후대에 계속 보편적으로 쓰인 글자라 해도 『상서』에서는 전혀 다른 뜻과 용법으로 쓰인 경우가 대부분입니다. 사실 『시경』의 적지 않은 시들은 오늘날의 언어 감각으로 봐도 대충 무엇을 말하고 무엇을 읊는지 알아맞힐 수 있습니다. 그러나 『상서』주서는 똑같은 언어 감각을 동원해도 이해하기가 매우 어렵습니다.

그 밖에 내용과 문구 사이에서 드러나는 태도를 통해서도 우리는 이 글이 확실히 주나라 초기의 기록이라고 판단할 수 있습니다. 「주고」에서는 계속 상나라 같은 대국이 왜 멸망했는지 불안해하며 설명합니다. 아울러 주의 깊게 자기 자신에게 일깨웁니다. 주나라 사람은 잘못을 저지를 여유가 없으며, 일단 잘못하면 무시무시한 결과가 따를 것이라고.

가장 믿을 만한 청동기 명문을 보면 주나라는 줄곧 자신들을 변방의 소국으로, 상나라는 대국으로 간주했습니다. 상나라의 압박과 능멸에 불만을 품었고 문왕이 상나라의 손에 죽을 가능성도 컸지만, 주나라는 섣불리 상나라를 건드리지 않았습니다. 무왕이 맹진孟津에서 제후들을 불러 모았을 때도, 사서에 따르면 무려 8백 명의 제후가 모였는데도 끝내 상나라를 치지 못하고 퇴각 명령을 내렸지요. 상나라를 이길 자신이 부족했기 때문입니다.

몇 년 뒤 무왕은 상나라 도읍 조가의 남쪽 교외에 있는 목야牧野에서 하늘을 향해 대의를 맹세하고 마침내 출병을 결심합니다. 그런데 그의 주된 동기는 역시 문왕의 복수를 하는 것이었고, 상나라에도 선전포고를 하길, "우리는 그리

괴롭힐 의도가 없으니 너희가 원하는 대로 해 줄 수 있다"고 합니다. 출병할 때 주나라는 상나라가 가진 천하 공주共主*의 지위를 탈취하겠다는 목표도 세우지 않았습니다. 그런데 천만 뜻밖에도 상나라 군대가 허무하게 격파되어 주나라는 하루 만에 조가에 입성했습니다. 그들 자신도 믿지 못할 만큼 손쉬운 승리였지요.

이것이 바로 주나라 초기에 그들이 "상나라는 어째서 패망한 것일까?"라고 끊임없이 자문했던 이유입니다. 그래서 주나라 초기 문헌들은 집중적으로 이 문제를 탐구했습니다. 첫째 질문은 "도대체 우리가 어떻게 이긴 것일까?", "본래 우리 위에 군림하고 우리를 다스렸던 상나라는 어째서 패한 것일까?"였습니다. 둘째 질문은 "이긴 뒤에 우리는 어떻게 해야 하는가?", "새로 얻은 지위를 어떤 방법으로 지켜야 거꾸로 화를 낳하시 않을 것인가?"였지요. 셋째 질문은 "지고무상至高無上의 새 지위를 얻은 지금, 패망한 상나라 유민은 어떻게 처리해야 하는가?", "그들과 어떤 새로운 관계를 맺어야 하는가?"였습니다.

이 세 가지 큰 문제를 둘러싸고 고대 중국 최초의 정치적 대계몽이 일어났습니다. 그 핵심 인물이 바로 주공이었지요. 확실히 주공은 주나라의 새로운 정치의식과 정치적 가치

* 부락 연맹체에서 각 부락이 공동으로 인정하는 맹주.

형성을 주도했습니다. 세 가지 큰 문제에 대한 명확하고 합리적인 답을 제공했을 뿐만 아니라, 그 답에 상응하는 행위와 제도, 규범까지 설계하고 발전시켰습니다. 이것은 우리가 "주공이 예악禮樂을 만들었다"는 중국의 전통 견해를 이해하는 한 방식입니다.

전설과 신령의 시대

「탕서」의 연대에 관한 수수께끼

주나라 초기 문헌을 접해 보았으니, 이제『상서』상서商
書의 글을 읽어 보겠습니다.

『상서』상서의 첫 번째 글인「탕서」는 상나라 탕왕이
하나라 걸왕桀王을 정벌할 때 장병들과 함께 맹세한 내용입
니다.

탕왕께서 말씀하셨다. "여러 장병은 와서 내 말을 잘 들어
라. 내가 감히 가서 난을 일으키려는 것이 아니라, 하나라

가 죄가 많아 하늘이 내게 그들을 주살하라 한 것이다."

王曰, "格爾衆庶, 悉聽朕言. 非台小子, 敢行稱亂, 有夏多罪,
天命殛之."

'格'(격)의 의미는 '오다' '이르다'이고, '衆庶'(중서)는 '여
러분'을 뜻하는데, 여기서는 함께 출병하는 장병들을 가리킵
니다. '台'(이)는 고어古語에서 일인칭 '나'입니다.

"지금 너희 장병들은 말하길, '우리 탕왕께서 우리를 돌보
지 않고 농사를 놔두고서 하나라를 정벌하라 하는구나'라
고 한다. 나는 너희의 말을 듣기는 했지만, 하나라가 죄를
지었기에 하늘을 경외하는 나로서는 감히 정벌하지 않을 수
없다."

"今爾有衆, 汝曰, '我后不恤我衆, 舍我穡事, 而割正夏.' 予惟
聞汝衆言. 夏氏有罪, 予畏上帝, 不敢不正."

여기에서 두 번 '正'(정)이 나오는데, 정벌한다는 뜻의
'征'(정)과 같습니다.

탕왕은 계속 장병들에게 말합니다.

"지금 너희는 '하나라가 무슨 죄를 지었는가?'라고 물을 것이다. 하나라 걸왕은 백성의 힘을 고갈시켰고, 하나라에 속한 각 성읍에 해를 주었고, 백성이 게으르고 서로 불화하게 했다. 그들은 '이 태양이 언제 망하나? 나는 너와 함께 망하리라!'라고 말한다. 하나라의 덕이 이와 같으니, 지금 나는 반드시 그들을 정벌하러 갈 것이다."

"今汝其曰, '夏罪其如台?' 夏王率遏衆力, 率割夏邑, 有衆率怠弗協. 曰, '時日何喪? 予及汝皆亡!' 夏德若玆, 今朕必往."

'如台'(여태)는 '如何'(여하)와 같고 '率'(솔)은 뜻 없이 각 구를 이어 주는 허사입니다.

"너희가 나를 보좌해 하늘의 벌을 받들어 행하기를 바란다. 그러면 나는 너희에게 큰 상을 내릴 것이다. 너희는 의심할 필요가 없으니, 나는 식언을 하지 않는다. 만약 너희가 맹세를 따르지 않는다면 나는 너희를 죽이고 너희 가족을 노예로 삼을 것이며, 결코 봐주지 않을 것이다."

"爾尙輔予一人, 致天之罰, 予其大賚汝. 爾無不信, 朕不食言.
爾不從誓言, 予則奴戮汝, 罔有攸赦."

여기에서 '尙'(상)은 요구와 희망의 어조를 나타냅니다.
'予一人'(여일인)은 앞의 「주고」에 나온 '我一人'(아일인)처럼
고대 제왕이 자신을 낮추어 칭하는 말이며, '賚'(뢰)는 상을
내린다는 뜻입니다. '奴戮汝'(노륙여)는 갑골문에서도 발견되
는 상투어인데, 그 뜻은 "너를 죽일 뿐만 아니라 네 아내와
자식도 노예로 만들어 부릴 것이다"입니다. '攸'(유)는 '所'(소)
와 통하며, '罔有攸赦'(망유유사)는 "절대로 봐주지 않을 것이
다"라는 뜻입니다.

「탕서」는 문체가 힘차고 간결하며 각 부분이 잘 짜인 훌
륭한 글입니다. 탕왕은 먼저 출병의 의의를 밝히지만, 동원
된 장병들이 불만을 갖고 있음을 명확히 인지하고 그들의 의
구심을 풀어 주려 합니다. 그리고 마지막에는 회유와 위협을
병행하며 전투의 결의를 다집니다.

주나라 초기의 「주고」와 비교해 이 「탕서」는 5백 년은
더 오래된 하나라 말에서 상나라 초기의 문헌인데도 오히려
읽기가 더 쉽고 문법도 훨씬 규칙적입니다. 같은 글자가 여

러 의미를 갖고 있지도 않으며 문법 규칙도 통일적이지요.

만약 이 글이 정말로 탕왕 시대의 기록이라면, 그것은 은허에서 출토된 갑골문보다 적어도 2~3백 년은 이르다는 것을 의미합니다. 갑골문은 틀림없이 그전에 발전 과정이 있기는 했을 겁니다. 처음부터 그렇게 성숙하고 복잡했을 리가 없으니까요. 하지만 갑골문의 전신前身이 문자의 표현 방식에 있어서 갑골문과 더 다르고 오히려 훗날에 사용된 중국어와 비슷했을 것 같지는 않습니다.

「주고」와 비교해, 우리는 상나라 시대의 문헌이라 일컬어져 온 「탕서」가 실제로 글로 옮겨진 시점은 주나라 초기보다 뒤일 것이라고 충분히 의심할 만합니다. 더욱이 상서商書의 맨 앞에 놓여 탕왕의 작품이라고 설정되기는 했지만, 역시 실제로 쓰이고 기록된 시기는 「반경」盤庚을 비롯한 상서의 모든 글 중에서 가장 늦다고 여겨집니다.

샤먼이 나라를 다스리다: 상나라 정권의 기초

계보를 보면 반경은 탕왕보다 10대 아래 왕이므로 계산상 2백여 년의 격차가 있습니다. 반경은 상나라의 근거지를 은殷이라는 지역으로 옮긴 핵심 인물입니다. 반경의 천도 이후 상나라 사람은 줄곧 은에 머물러, 그 지명이 그들의 별명으로 굳어졌습니다. 초기 주나라 문헌을 보면 대부분 상나라 사람을 은이라고 부릅니다.

『상서』상서「반경」은 상중하 세 편으로 나뉘는데, 그 시간적 순서는 확실히 혼란스러운 면이 있습니다.

「반경」상의 서두는 "반경이 은으로 천도했는데 백성이 그곳에 사는 것을 좋아하지 않았다"盤庚遷于殷, 民不適有居입니다. 이것이 상편의 주제입니다. 그리고「반경」중의 서두는 "반경이 즉위한 뒤 백성을 이끌고 강을 건너 천도하고자 하면서 자신을 따르지 않는 자들에게 성심껏 권유하였다"盤庚作, 惟涉河以民遷, 乃話民之弗率, 誕告用亶입니다. 이 일은 분명 상편보다 먼저 있었던 일입니다.「반경」하의 서두는 어떨까요? "반경은 천도를 마친 뒤 머무를 곳을 정하고 지위를 바로하고서 사람들에게 선언하였다"盤庚既遷, 奠厥攸居, 乃正厥位, 綏爰有衆입니다.

글 속의 사건이 일어난 순서를 보면 중편이 맨 앞에 놓여야 합니다. 천도 전에 자신을 따라가지 않으려는 이들에게 반경이 한 말이니까요. 그다음은 상편입니다. 이미 천도를 했지만 새 거주지를 백성이 좋아하지 않아 원성이 높아지자, 반경은 그들을 모아 놓고 불만을 가라앉히려 했습니다. 마지막은 하편입니다. 그런 우여곡절을 다 겪고 머무를 곳과 지위를 안정시킨 뒤, 반경은 정식으로 의례를 치르고 백성에게 포고문을 발표합니다.

이 세 편은 실제로 상나라가 은 지역으로 천도할 당시에 쓰인 기록은 아닐 겁니다. 반경이라는 이름은 그 왕이 살아 있을 때 쓰인 칭호일까요, 아니면 죽은 뒤에 얻은 칭호일까요? 논란이 있기는 하지만 다수의 고대 사학자의 의견은 죽은 뒤의 칭호라는 것입니다.

이 밖에 「반경」 중에는 "하늘이 은나라에 큰 재앙을 내렸을 때 선왕께서 불안을 느껴 행하시길, 백성의 이로움을 살펴 천도를 하셨다"殷降大虐, 先王不懷, 厥攸作, 視民利用遷라는 구절이 있습니다. 반경은 이처럼 이전 왕들이 여러 차례 천도를 한 예를 들어 자신의 결정을 변호했습니다. 그런데 여기에서 그는 자신의 종족을 은이라고 부릅니다. 그들은 막 은 지역으로 천도할 준비를 하고 있을 뿐이었는데, 어째서 스스로를 '은'이라고 칭했을까요?

은은 주나라 사람이 상나라 사람을 부르던 습관적인 통칭입니다. 주나라의 명문과 문헌을 보면 은殷 자가 상商이나 은상殷商보다 훨씬 많이 등장합니다. 이에 대한 합리적인 설명은 이렇습니다. 상대적으로 늦게 흥기한 주나라가 상나라와 접촉했을 때는 이미 상나라의 중심지가 은 지역으로 옮겨진 뒤였으므로 은으로 그 민족을 지칭했다는 겁니다.

하지만 글자와 문법을 분석해 보면 「반경」 상중하 세 편이 쓰인 시대는 확실히 「탕서」보다 이릅니다. 그리고 글에 남겨진 일부 관념은 주나라 사람의 믿음과는 일정한 차이가 있고, 오히려 상대적으로 갑골문에 반영된 상나라 사람의 가치관에 가깝습니다.

「반경」 중에서 반경이 "너희가 나쁜 마음을 품고 있다면 하늘에 있는 우리 선왕께서 너희 조상에게 알릴 것이고, 그러면 너희 조상은 너희를 포기하고 너희가 죽어도 구하지 않을 것이다"汝有戕則在乃心, 我先后綏乃祖乃父, 乃祖乃父乃斷棄汝, 不救乃死라고 말한 것이 그 예입니다. 이것은 천도를 따르지 않으려는 이들에 대한 위협이었습니다. 그런데 그는 그들을 죽인다고도, 또 그들의 처자식을 노예로 삼겠다고도 하지 않습니다. 하늘의 선왕을 움직여 역시 하늘에 있는 그들의 조상이 더는 그들을 보호해 주지 않게 만들겠다고 말합니다.

이것은 전형적인 상나라의 권력 모델입니다. 상나라는 어떻게 헤게모니를 쥐고 천하의 주인이 될 수 있었을까요? 청동기, 갑골을 이용한 점복, 문자 기호같이 하늘의 조상과 소통하는 신비한 방법을 장악해 주변 부락에 과시하는 방식으로 가능했던 것입니다. 자신들은 더 효과적으로 하늘의 조상에게 생각을 전달할 수 있고, 더 정확하게 하늘의 조상이 생각하는 바를 이해할 수 있다고 선전했죠. 다시 말해 상나라의 통치 형태는 두 세계를 넘나드는 방식으로 형성되었습니다. 그들은 자신의 조상을 동원해 다른 부락의 조상을 제압함으로써 이승에서도 그 부락들을 제압할 수 있었습니다.

「반경」상에서도 비슷한 관념이 등장합니다.

"옛날에 우리 선왕들은 너희 조상들과 괴로움과 즐거움을 함께했는데 내가 어찌 멋대로 너희를 벌하겠느냐? 대대손손 너희의 공로를 헤아려 왔으니 나도 너희의 좋은 점을 살피지 않을 리 없다. 이에 내가 선왕들께 큰 제사를 올릴 때 너희 조상도 선왕들과 함께하니, 내가 감히 너희에게 임의로 상과 벌을 주지는 않을 것이다."

"古我先王, 曁乃祖乃父, 胥及逸勤, 予敢動用非罰? 世選爾勞, 予不掩爾善. 玆予大享於先王, 爾祖其從與享之, 作福作災, 予亦不敢動用非德."

반경은 먼저 자신의 조상과 자신에게 불복하는 이들의

조상이 과거에 고락을 같이하고 정이 두터웠음을 강조하면서, 그 이유 때문에라도 자신이 멋대로 벌할 일은 없을 거라고 그들을 안심시킵니다. 또한 자신의 조상이 대대손손 그들 조상의 공로를 인정하고 칭찬해 왔으므로, 자신도 당연히 그들의 좋은 점을 보지 않고 덮을 리는 없다고 덧붙입니다. 하지만 그다음에는 에둘러 위협을 가합니다. 성대하게 제사를 지내 천도한 일을 자신의 조상에게 고할 텐데, 그들의 조상도 옆에서 듣고 그들을 어떻게 처리할지 의견을 보탤 것이라는 말로 말입니다. 그는 그렇기 때문에 단지 개인적인 생각에 의지해서가 아니라 자신의 조상과 그들의 조상의 결정에 따라 상 줄 사람은 상을 주고 벌 줄 사람은 벌을 줄 것이라고 말합니다. 여기에서도 마찬가지로 조상을 최고의 권위로 삼아 천도에 불만을 품은 이들을 복종시키려 합니다.

수나라는 상나라의 이런 징치권력 모델에 반대했기 때문에 천하를 얻은 뒤 그것을 뒤엎어 버립니다. 그래서 주나라의 문헌에서는 「반경」 상편과 중편을 제외하고는 이런 관념을 거의 찾아볼 수 없습니다.

요임금의 용인술

마지막으로 『상서』의 첫 번째 글이면서 가장 일찍 일어난 사건을 기록한 「요전」을 읽어 보겠습니다.

「요전」의 글은 너무 예스러워서 후대의 글과는 사뭇 차이가 있습니다.

옛일을 돌아보건대, 요임금은 이름이 방훈放勳으로 예의 바르고 시비에 밝으며, 천하를 잘 다스리고 온화하며, 정중하고 양보할 줄 알아 그 빛이 사면팔방을 비춰 하늘과 땅에 다이르렀다. 재능과 미덕을 발휘해 온 가문이 다 화목하게 하고, 각 씨족이 할 일을 잘 안배하고, 각 부락이 어울려 화합하게 했다. 이로써 백성이 다 너그럽고 편안해졌다.

曰若稽古帝堯曰放勳, 欽明文思安安, 允恭克讓, 光被四表, 格于上下. 克明俊德, 以親九族, 九族旣睦, 平章百姓, 百姓昭明, 協和萬邦. 黎民於變時雍.

「주고」, 「탕서」, 「반경」과는 다르게 「요전」은 서두에서 이것이 옛날 일에 관한 글임을 밝힙니다. 맨 처음의 '稽古'(계고)는 과거에 일어난 일을 검토한다는 뜻입니다. 이어서 요임금은 본명이 방훈이며 위대한 인물로서 그 명성이 온 세상에 알려졌다고 한 뒤, 안에서 바깥으로 순서를 밟아 그의 성취를 기록합니다. 처음에는 요임금의 친족을, 그다음에는 다른 여러 씨족에 이어 많은 부락과 방국을, 마지막에는 일반 백성을 거론하며 요임금이 어떻게 그들을 잘 다스리고 좋은 영향을 끼쳤는지 이야기하지요.

이어지는 글에는 요임금이 희羲와 화和라는 두 씨족에게 절기를 책임지게 한 내용이 나옵니다. 여기부터는 기본적으로 대칭과 대구 형식으로 글이 전개됩니다.

희씨와 화씨에게 명하여 크나큰 하늘을 삼가 따르게 하고, 해와 달과 별의 운행을 관찰해 역법을 제정한 뒤 사람들에게 설기를 알리게 했다. 나又이 명히긴, 희씨의 둘째에게는 동쪽의 양곡暘谷*에 가서 정중히 일출을 맞고 해가 동쪽에서 솟아오르는 시각을 측정하게 했다. 이때는 밤낮의 길이가 같고 남방 칠수七宿가 가장 밝으니 봄에 해당한다. 사람들은 흩어져 농사를 짓고 새와 들짐승은 교미해 새끼를 낳는다.

---

* 태양이 떠오르는 곳.

乃命羲和, 欽若昊天, 歷象日月星辰, 敬授人時. 分命羲仲, 宅嵎夷, 曰暘谷, 寅賓出日, 平秩東作. 日中星鳥, 以殷仲春. 厥民析, 鳥獸孳尾.

다음 단락을 보면, 요임금이 명령을 내린 사람과 명령한 내용은 다르지만 문장 구조는 앞 단락과 유사합니다.

희씨의 셋째에게 명하여 남쪽의 교지交趾**에 가서 해가 남쪽으로 운행하는 것을 측정하고 정중히 해를 맞게 했다. 이때는 낮의 길이가 가장 길고 동방 칠수가 가장 밝으니 여름이다. 사람들은 옷을 벗고 농사를 짓고 새와 들짐승은 털이 적어진다.

申命羲叔, 宅南交, 平秩南訛, 敬致. 日永星火, 以正仲夏. 厥民因, 鳥獸希革.

이번에는 서쪽으로 사람을 보냅니다.

화씨의 둘째에게 명하여 서쪽의 매곡昧谷***에 가서 정중히 지는 해를 보내고 해가 서쪽으로 지는 시각을 측정하게 했

** 고대 중국의 최남단으로 베트남 북부.
*** 해가 지는 곳.

다. 이때는 낮과 밤의 길이가 같고 북방 칠수가 가장 밝으니 가을에 해당한다. 사람들은 다시 평지에 머물고 새와 들짐승은 털갈이를 한다.

分命和仲, 宅西, 曰昧谷, 寅餞納日, 平秩西成. 宵中星虛, 以殷仲秋. 厥民夷, 鳥獸毛毨.

마지막 단락은 당연히 겨울과 관련이 있습니다.

화씨의 셋째에게 명하여 북쪽의 유도幽都에 가서 해가 북쪽으로 운행하는 것을 관찰하게 했다. 이때는 낮이 가장 짧고 서방 칠수가 가장 밝으니 겨울이다. 사람들은 집 안에 머물고 새와 들짐승은 부드럽고 가는 털이 난다.

申命和叔, 宅朔方, 曰幽都, 平在朔易. 日短星昴, 以正仲冬. 厥民隩, 鳥獸氄毛.

보기에 글자들은 예스러운데, 글의 전개 방식은 반복되는 패턴을 보입니다. 모두 네 번의 반복이 이루어지지요.
그다음에는 질문과 답변이 이어집니다. 우선 "요임금이

말하길, '누가 하늘의 시기에 순응하는 쓸 만한 인재인가?'라고 물었다"帝曰, 疇咨若時登庸?라는 말이 나옵니다. '疇咨'(주자)는 '누구'라는 의문사입니다. 이에 방제放齊가 "맏아들 단주가 똑똑하십니다"胤子朱啓明라고 답하자, 요임금이 "뭐라? 그는 말도 못하고 남과 다투기를 좋아해서 안 된다"吁, 嚚訟可乎라고 합니다. 그러고는 다시 "누가 내 일을 도와 완성하겠느냐?"疇咨若予采?라고 묻자, 이번에는 환두驩兜가 "아, 공공이 일을 많이 하여 공을 갖췄습니다"都, 共工方鳩僝功라고 답합니다. 그러나 요임금은 "뭐라? 그는 말만 그럴듯하고 행동은 그렇지 못하며, 공손한 듯하지만 하늘도 업신여긴다"吁, 靜言庸違, 象恭滔天라고 말하지요.

추천받은 사람이 다 마음에 들지 않아 조급해진 요임금은 "아, 사악四岳*이여. 세찬 홍수가 나라를 해쳐 그 기세가 하늘까지 차오르니 백성이 고통스러워하고 있다. 누구를 시켜 홍수를 다스려야 하겠느냐?"咨, 四岳. 湯湯洪水方割, 蕩蕩懷山襄陵, 浩浩滔天, 下民其咨. 有能俾乂?라고 강조해 묻습니다. 그러자 일제히 "곤鯀입니다"라고 대답하지요. 하지만 이번에도 요임금은 선뜻 수긍하지 않고, "그는 명령에 따르지 않으며 무리를 흩뜨려 버린다"吁, 咈哉, 方命圮族라고 불만을 표합니다. 그래도 사악은 "아닙니다. 시험 삼아 써 보셔야 쓸 만한지 아닌

---

* 사방을 각기 다스리던 제후.

지 알 수 있습니다"吁哉. 試可乃已라고 권합니다. 그제야 요임금은 양보하여 "가서 조심스럽게 일하라 해라"往, 欽哉라고 허락합니다. 하지만 곤은 9년이나 일하고도 소기의 성과를 이루지 못합니다.

이 글은 매우 훌륭합니다. 요임금에게 사람을 보는 날카로운 안목이 있었고, 그 기준도 대단히 높았음을 보여 줍니다. 아울러 그에게 사심이 없었다는 것도 말입니다. 신하가 자기 아들을 추천하는데도 기뻐하며 수긍하지 않았으니까요. 또한 그를 보좌하던 사악은 안목과 능력 면에서 요임금보다 한참 뒤졌다는 것도 보여 주는데, 이 점은 뒤에 이어지는 이야기와도 관련이 있습니다.

요임금은 사악에게 "내가 제위에 있은 지 70년이 되었으니 너희가 대임을 책임질 수 있다면 자리를 물려주겠다"朕在位七十載, 汝能庸命, 巽朕位라고 발했습니다. 하지만 사익은 "우리는 부덕하여 제위를 더럽힐 것입니다"否德忝帝位라며 사양했습니다. 그들은 제위를 이을 수가 없었습니다. 그들이 과거에 추천한 사람조차 요임금은 마음에 들어하지 않았지요. 그래서 요임금이 말하길, "지위가 낮은 사람 중에서 인재를 찾아도 된다"明明揚側陋라고 했습니다.

인재의 조건을 완화하자 꽤 여러 사람이 추천을 받았는

데 그중에 순舜이라는 자가 있었습니다. 그는 나이가 적지 않은데도 아직 아내가 없었습니다. 요임금은 사악에게 "아, 나도 그의 이름을 들어 보았다. 그는 어떠한가?"俞, 予聞, 如何?라고 의견을 구했습니다. 이에 사악은 "순은 장님의 아들로 아버지는 완고하고 어머니는 어리석으며 동생인 상象은 거만한데도 효심으로 가정을 화목하고 평안하게 만들었습니다"瞽子, 父頑, 母嚚, 象傲, 克諧以孝, 烝烝乂不格姦라고 아뢰었습니다. 그러자 요임금은 그를 시험해 보기로 하고 자신의 두 딸을 그에게 시집보낸 뒤, 그가 어떻게 그녀들을 대하는지 지켜보았습니다.

또한 딸들을 시집보낸 뒤 요임금은 순의 능력을 시험하기 시작했습니다. 순은 "오륜五倫을 신중히 찬미해 사람들이 다 따르게 했고, 모든 관직을 총괄해 그들이 다 따르게 했고, 네 문에서 손님을 맞아 그들이 다 공경하게"愼徽五典, 五典克從, 納于百揆, 百揆時叙, 賓于四門, 四門穆穆 했습니다. 교육, 행정, 외교 임무를 차례로 잘 처리한 것이지요. 심지어 "큰 산에 들어가 세찬 바람과 뇌우를 만났는데도 길을 잃지 않았다"納于大麓, 烈風雷雨弗迷고 합니다. 이에 요임금은 만족하여 순에게 "오거라, 순이여. 내가 정사를 네게 묻고 너의 말을 살폈는데, 너의 의견을 실행하면 반드시 좋은 결과가 있었다. 3년이 지났

으니 너는 나의 제위를 이어받아라"格汝舜, 詢事考言, 乃言底可績, 三載, 汝陟帝位라고 했습니다.

「요전」은 이처럼 요임금이 순에게 제위를 양보한 이야기의 기록입니다. 이어서 제위를 이은 순임금의 갖가지 행적을 서술한 것이 바로 「순전」舜典입니다. 사실 오래된 판본에는 「순전」이 없습니다. 본래 한 편이었던 것을 나중에 매색이 둘로 나눠 「순전」이 생긴 것이지요.

「요전」과 「순전」에는 많은 패턴이 있습니다. 어떤 일을 네 방향이나 네 계절의 격식에 맞춰 나누어 서술한 것이 그 예입니다. 이런 관습은 확실히 후대에 생겨난 것입니다. 자연현상을 이용해 분류해서 큰 체계를 구축하고, 그 큰 체계로 모든 것을 아우르는 이런 방식은 전국시대에 가장 유행했습니다. 따라서 내용과 사유 모델을 근거로 판단하면 「요전」이 글로 옮겨진 시기는 결코 춘추시대보다 이르지 않을 겁니다. 기원이 훨씬 더 오래된 일부 자구는 아마도 단편적으로 전해지다 춘추전국시대에 와서 글로 묶였을 겁니다.

이 점도 『상서』 우하서의 첫 번째 글인 「요전」의 시대가 「탕서」보다 이르기는커녕 더 늦다는 것을 보여 줍니다.

역자 후기

양자오의 독자는 누구인가

모든 저자는 알게 모르게 '타깃 독자'를 염두에 두고 글을 쓴다. 로맨스소설의 저자는 젊은 여성이, 경제경영서의 저자는 샐러리맨이 자기 글을 읽을 것이라고 예상하며 주제를 고르고 문체를 정한다는 말이다. 그러면 양자오가 생각하는 자신의 타깃 독자는 어떤 사람들일까? 그는 '중간 독자'라는 독특한 단어로 그들을 명명한 바 있다. 사실 중간 독자가 구체적으로 무엇인지에 대한 그의 정의는 찾아볼 수 없다. 하지만 2017년 2월 17일 중국 『문학신문』과의 인터뷰를 보면 그 대체적인 의미를 추론할 수 있다.

먼저 그는 자신이 중간 독자의 개념을 얻게 된 유래에

관해 이야기한다.

'중간 독자'는 제가 예전에 어느 인터뷰에서 제시한 관점인데, 그 관점은 요 몇 년 강좌를 진행하며 관찰과 사유를 통해 얻어 낸 겁니다. 저는 2005년부터 타이완에서 '현대고전 정독'이라는 강좌를 진행했습니다. 그러면서 흥미로운 경험을 했지요. 그때 다룬 책 중에는 단 한 권도 '유용한' 책이 없었습니다. 어떤 책은 다소 생소하고 일정 정도 난이도까지 있었습니다. 예를 들어 저는 첫해에 마르크스, 다윈, 프로이트, 니체를 강연했습니다. 철학과 관련된, 상대적으로 조금 심오한 책도 강연했지요. 유료 강좌였기 때문에 수강생의 반응은 매우 직접적이었습니다. 만약 무료 강좌였다면 그 강좌는 지속되지 못했을 겁니다. 처음에는 동료들이 의심하더군요. 들으러 오는 사람이 있느냐고 말이죠. 하지만 뜻밖에도 저는 여러 해 그 강좌를 진행했고, 강좌가 중단된 적도 없었습니다. (……) 그 과정에서 저는 늘 궁금했습니다. 이 수강생들은 대체 어떤 사람들일까? 예전에는 어디 있었던 것일까?

이런 의문은 나도 가져 본 적이 있다. 홍대 부근의 대안연구공동체라는 시민 강좌 공간에 가 보면 일주일 내내 수십 개의 인문학 강좌가 열린다. 그런데 그중 어느 하나 '유용한' 강좌가 없다는 데 우선 놀라고, 또 그런 강좌에 수강생이 있다는 데 두 번째로 놀란다. 산스크리트어로 불교 원전을 읽고 프랑스어로 뒤라스와 졸라를 읽는 강좌에 어떻게 수강생이 있을 수 있을까. 게다가 그들 중 대부분은 대학생도 학자도 아닌 일반 직장인이다. 과연 그들의 정체는 무엇일까?

나중에 저는 생각했습니다. 어느 사회에나 틀림없이 그런 사람들이 존재한다고 말이죠. 다만 우리는 그들을 볼 수 없고 그들도 서로를 볼 수 없습니다. 그들은 평소에 자기가 문학이나 철학 같은 것을 좋아한다는 것을 남이 알까 봐 두려워할 겁니다. 자칫하면 괴짜라고 낙인찍힐지도 모르기 때문이죠. 하지만 제 강좌에서 그들은 한데 모여 서로를 알아볼 기회를 가질 수 있었습니다. 제가 말하는 '중간 독자'는 바로 이런 독자들을 가리킵니다. 비교적 깊이 있는 문화의 창조나 향유는 분명 이런 이들과 관련이 있습니다.

비로소 중간 독자가 무엇인지 실마리가 잡혔다. 이른바 '인문학 애호가'를 뜻하는 듯하다. 그들은 독자로서 일반 대중 독자와 전문 학자 사이에 위치해 있으므로 '중간 독자'라 불릴 만하다. 이어서 양자오는 현대사회에서 중간 독자가 갖는 의미에 관해 이야기한다.

저는 줄곧 생각해 왔습니다. 한 서점이 어떤 서점이 되느냐는 사실 그 서점에 드나드는 독자에 의해서도, 소수의 연구자와 학자에 의해서도 결정되지 않는다고. 그것은 이 사람들에 의해 결정됩니다. 이들은 숫자가 많을 리 없고 많아질 리도 없습니다. 하지만 이들이 얼마나 되느냐가 그 서점이 어떤 서점이 될지를 결정합니다. 더 확대해서 말하면, 이 사람들이 얼마나 되느냐가 바로 이 사회가 어떤 사회가 될지를 결정합니다. 만약 이 사회에서 이들의 비중이 2퍼센트라면, 이들이 8퍼센트가 됐을 때 이 사회는 전혀 다른 사회가 될 겁니다. 이들이 더 높은 비중을 차지할 때 이 사회에도 비로소 극장과 음악과 무용과 패션이 성행하는 파리의 거리가 형성될 겁니다. 이것은 인류의 보편적 현상입니다.

마지막으로 양자오는 자신의 타깃 독자가 그 중간 독자라는 것을 명확히 밝힌다.

그동안 제가 해 온 일들이 그들에게 봉사하는 것이었음을 저는 명확히 알고 있습니다. 그동안의 일을 통해 저는 그들이 누구인지, 어떻게 효과적으로 그들과 이야기할지 알게 된 것 같습니다. 제가 하는 말을 통해 그들은 또 다른 것과 접할 기회를 가질 수 있으니까요. 이것이 바로 제가 하고 싶은 일입니다. 책을 써서 수십만 권을 파는 것은 제가 하려는 일이 아닙니다.

양자오는 '중국 고전을 읽다' 시리즈를 강의하고 집필할 때도 이런 자신의 관점을 염두에 두었을 것이다. 이 책들을 불특정 다수의 독자에게 선보여 베스트셀러로 만들기보다는 소수의 중간 독자에게 읽히고 그들의 저변을 넓히고 싶었을 것이다. 그것이 사회의 용속한 문화를 바꾸고 나아가 사회 자체를 바꾸는 데 기여하는 그만의 방식이기 때문이다.

2019년 7월 15일

상서를 읽다
: 주나라 정치철학을 담은 귀족 교육의 핵심 커리큘럼

2019년 8월 14일 초판 1쇄 발행

지은이	옮긴이
양자오	김택규

펴낸이	펴낸곳	등록
조성웅	도서출판 유유	제406-2010-000032호(2010년 4월 2일)

주소
경기도 파주시 책향기로 337, 301-704 (우편번호 10884)

전화	팩스	홈페이지	전자우편
031-957-6869	0303-3444-4645	uupress.co.kr	uupress@gmail.com

	페이스북	트위터	인스타그램
	www.facebook .com/uupress	www.twitter .com/uu_press	www.instagram .com/uupress

편집	디자인	마케팅
류현영	이기준	송세영

제작	인쇄	제책	물류
제이오	(주)민언프린텍	(주)정문바인텍	책과일터

ISBN 979-11-89683-17-7 04140
      979-11-85152-02-8 (세트)

이 도서의 국립중앙도서관 출판예정도서목록(CIP)은 서지정보유통지원시스템
홈페이지(seoji.nl.go.kr)와 국가자료공동목록시스템(www.nl.go.kr/kolisnet)에서
이용하실 수 있습니다.(CIP제어번호: CIP2019027856)

고전

동양고전강의 시리즈

삼국지를 읽다
중국 사학계의 거목 여사면의 문학고전 고쳐 읽기

여사면 지음, 정병윤 옮김

중국 근대사학계의 거목이 대중을
위해 쓴 역사교양서. 이 책은 조조에
대한 새로운 관점을 처음 드러낸
다시 읽기의 고전으로, 자기 자신의
눈으로 문학과 역사를 보아야
한다고 역설하는 노학자의 진중함이
글 곳곳에 깊이 새겨져 있다.

사기를 읽다
중국과 사마천을 공부하는 법

김영수 지음

28년째 『사기』와 그 저자 사마천을
연구해 온 『사기』 전문가의 『사기』
입문서. 강의를 모은 책이라 쉽고
재미있게 읽을 수 있다. 지금까지
중국을 130여 차례 답사하며 역사의
현장을 일일이 확인하고, 그 경험을
바탕으로 연구한 전문가의 강의답게
현장감 넘치는 일화와 생생한 지식이
가득하다. 『사기』에 관심이 있는
독자라면 남녀노소 누구나 어렵지
않게 읽을 수 있는 교양서.

논어를 읽다
공자와 그의 말을 공부하는 법

양자오 지음, 김택규 옮김

『논어』를 역사의 맥락에 놓고 텍스트
자체에 집중해, 최고의 스승 공자와
그의 언행을 새롭게 조명한 책.
타이완의 인문학자 양자오는 『논어』
읽기를 통해 『논어』라는 텍스트의
의미, 공자라는 위대한 인물이
춘추 시대에 구현한 역사 의미와
모순을 살펴보고, 공자라는 인물을
간결하고도 분명한 어조로 조형해
낸다. 주나라의 봉건제로 돌아가기를
꿈꾸면서도 신분제에 어긋나는
가르침을 펼친 인물, 자식보다
제자들을 더 아껴 예를 어겨 가며
사랑을 베풀었던 인물, 무엇보다
사람이 사람다워야 함을 역설했던
큰 인물의 형상이 오롯하게 드러난다.

노자를 읽다
전쟁의 시대에서 끌어낸 생존의 지혜
양자오 지음, 정병윤 옮김

신비에 싸여 다가가기 어렵다고
여겨지는 고전『노자』를 문자 그대로
읽고 사색함으로써 좀 더 본질에
다가가고자 시도한 책. 양자오는
『노자』를 둘러싼 베일을 거둬 내고
본문의 단어와 문장 자체에 집중한다.
그렇게 하여『노자』가 나온 시기를
새롭게 점검하고, 거기서 끌어낸
결론을 바탕으로『노자』가 고대
중국의 주류가 아닌 비주류 문화인
개인주의적 은자 문화에서 나온
책이라고 주장한다. 더불어『노자』의
간결한 문장은 전쟁을 종결하고
백성을 편하게 하고자 군주에게 직접
던지는 말이며, 이 또한 난무하는
제자백가의 주장 속에서 살아남기
위한 전략이라고 말한다.

장자를 읽다
쓸모없음의 쓸모를 생각하는 법
양자오 지음, 문현선 옮김

무너진 왕조의 몰락한 후예,
홀대당하는 비주류 문화의 계승자인
장자는 주류 문화의 가치를 조롱하고
인간 세상 밖의 커다란 세계와
가치관에 대해 의견을 펼치는 책
『장자』를 썼다. 양자오는『장자를
읽다』에서 중국의 비주류 문화에
대한 논의를 한 걸음 더 전진시킨다.
우선 책의 앞머리에서 고대 중국의
주류 문화와 비주류 문화의 간극을
설명하고, 거기에서 장자와 저서
『장자』가 차지하는 자리를 설정한다.
그런 다음 장자의 역사 배경과
사상 배경을 훑고 허세를 부리는
듯한 우화와 정신없이 쏟아지는
궤변, 신랄한 어조를 뚫고 독자에게
『장자』의 핵심에 접근하는 방법을
알려 준다. 독자는 중국의 문화
전통에서 밀려 잊혔던 하나의 커다란
맥을 이해하고 새롭게 중국 철학과
중국 남방 문화를 일별하는 기회를
얻는 동시에 다시금 '기울어 가는
시대'를 고민하는 기회를 갖게
될 것이다.

묵자를 읽다
생활 밀착형 서민 철학자를 이해하는 법
양자오 지음, 류방승 옮김

봉건 제도가 무너지기 시작한
난세, 중국 춘추 시대. 유가는
이 난세가 봉건 질서의 붕괴에서
비롯되었으므로, 예교禮敎를 다시 세워
세상을 바로잡아야 한다고 외쳤다.
그러나 서민 계급 출신의 묵자는
봉건 사회의 예교 자체가 난세의
근원이라고 주장했다. 거칠 것 없는
웅변가인 묵자는 '겸애'를 무기로
유가 진영에 맹렬한 공격을 퍼부으며,
봉건 제도의 예교를 지지하는
이들의 언행불일치와 모순을 비웃고
비난했다. 그리고 묵자와 그의
제자들은 자신들의 신념을 실천으로
증명하고자 중국 각지를 뛰어다녔고,
난세 속에서 묵가가 지닌 합리성을
확실하게 보여 주었다.
언제나 고전에 대한 개성적인
독법으로 독자에게 고전을 읽는
또 다른 길을 안내하는 타이완의
지식인 양자오는 이 책에서도 묵가의
독특한 논변 방식을 새롭게 조명하고,
그들의 소박한 사상과 실천이
가져오는 참신함이 묵가를 유가와
함께 '뛰어난 학문'으로 이름 나게
하였음을 밝힌다.

맹자를 읽다
언어의 투사 맹자를 공부하는 법
양자오 지음, 김결 옮김

유가의 이념을 설파하는 위대한 성인
맹자를 추앙하고 그 사상을 설명하는
책이 아니다. 양자오는 여태 우리가
간과했던 맹자의 '말솜씨'를 콕
찍어 끌어낸다. 중국 전국 시대에
이미 낡은 것으로 치부되던 유가의
사상을 견지하고, 인간을 믿었던
맹자는 빼어난 말솜씨로 각국의 왕을
설득하여 전쟁을 멈추고 사람이 살 수
있는 나라를 만들고자 노력한다.
웅변의 시대에 홀로 선 투사로서.

순자를 읽다
유가를 중국 사상의 주류로 만든 순자를 공부하는 첫걸음
양자오 지음, 김택규 옮김

200년간 지속된 전국시대 후기, 진나라의 통일이 가까워 오던 시대에 본분과 실용을 중시한 순자는 유가를 시대에 맞는 맥락으로 유연하게 변모시켜 급변하는 사회에서도 살아남을 수 있는 튼튼한 체질로 만들었다. 자신과 다른 시각을 가진 유가 내 다른 문파를 신랄히 공격하기도 했고, 무엇보다 예와 법의 절대적 구분을 제거하고 유가와 법가 사이의 차이도 제거했다. 하지만 당시 공자와 맹자의 사상이 법가와 혼동되는 것은 절대 금물이었고, 때문에 순자는 당시에는 영향력을 발휘했지만 후대 유가 전통에서는 제대로 인정받지 못했다. 이 책은 순자가 어떤 시대, 어떤 환경에서 어떤 문제에 부딪혀 자신의 사상을 발전시켰는지를 일러 줌으로써 순자 사상의 진정한 가치를 배우게 하고 순자에게 공정한 평가를 돌려준다.

전국책을 읽다
국경과 계급을 초월한 모략서를 공부하는 첫걸음
양자오 지음, 김택규 옮김

『전국책』은 중국 한나라의 학자 유향이 황실 서고에서 발견한 여러 권의 책을 나라별로 묶고 연대순으로 정리해 엮어 낸 책이다. 기원전 403년부터 진나라가 중국을 통일한 기원전 221년까지 이어졌던 전국시대에 종횡가 책사들이 제후에게 논한 책략이 기록되어 있다. 양자오의 『전국책을 읽다』는 국내 최초로 『전국책』을 해설해 교양서 수준으로 풀어낸 책으로, 각 사건이 일어난 역사적 맥락과 시대 상황에 대한 설명, 당시 책사들이 펼친 모략의 가치까지 세세하게 설명하고 있다.

자본론을 읽다
마르크스와 자본을 공부하는 이유

양자오 지음, 김태성 옮김

마르크스 경제학과 철학의 탄생,
진행 과정과 결과에 이르기까지
역사의 맥락과 기초 개념을 짚어
가며 『자본론』의 핵심 내용을
간결하고 정확한 시각으로 해설한 책.
타이완에서 자란 교양인이 동서양의
시대 상황과 지적 배경을 살펴 가면서
썼기에 비슷한 역사 경험을 가진
한국인의 피부에 와 닿는 내용이
가득하다.

서양고전강의 시리즈

종의 기원을 읽다
고전을 원전으로 읽기 위한 첫걸음

양자오 지음, 류방승 옮김

고전 원전 독해를 위한 기초체력을
키워 주는 서양고전강의 시리즈
첫 책. 인간과 자연의 관계를
변화시킨 『종의 기원』에 대한 새로운
해설서다. 저자는 섣불리 책을
정의하거나 설명하지 않고 책의
역사적, 지성사적 맥락을 흥미롭게
들려줌으로써 독자들을 고전으로
이끄는 연결고리가 된다.

꿈의 해석을 읽다
프로이트를 읽기 위한 첫걸음

양자오 지음, 문현선 옮김

인간과 인간 자아의 관계를 바꾼
『꿈의 해석』에 관한 교양서. 19세기
말 유럽의 독특한 분위기, 억압과
퇴폐가 어우러지며 낭만주의가
극에 달했던 그 시기를 프로이트를
설명하는 배경으로 삼는다. 또한
프로이트가 주장한 욕망과 광기
등이 이후 전 세계 문화와 예술에
미친 영향을 들여다보며 현재의
우리에게는 어떤 의미인지 점검한다.

성서를 읽다
역사학자가 구약성서를 공부하는 법

박상익 지음

『어느 무교회주의자의 구약성서
읽기』 개정판. 저자 박상익은
서양의 정신적 토대로 역할을
수행한 그리스도교가 한국에
와서 대중의 조롱을 받고 있는
현실을 통탄하면서, 21세기를
헤쳐 나가야 할 한국인에게 서양
정신사의 한 축인 헤브라이즘을
제대로 이해하려는 노력이
필요하며, 이를 위해서는
히브리 종교의 핵심 내용이 담긴
「구약성서」를 제대로 읽어야 한다고
힘주어 말한다.

미국의 민주주의를 읽다
우리의 민주주의를 더 잘 이해하는 법

양자오 지음, 조필 옮김

프랑스 대혁명의 혼란에서 벗어나지
못한 프랑스인에게 미국의 민주주의를
소개하고 프랑스에 적용하고자 한
프랑스의 알렉시스 드 토크빌이 쓴
『미국의 민주주의』는 방대한
분량으로 읽기 쉽지 않은 책이다.
타이완의 지식인 양자오는 프랑스
대혁명의 역사 배경과 미국 독립
혁명의 전후 상황 등을 훑으며,
토크빌이 『미국의 민주주의』에서
서술하고 분석한 미국의 민주주의
가치와 평등의 힘을 알기 쉽게
설명한다. 그리고 미국의 민주주의와
평등이 당시 프랑스뿐 아니라 현대의
우리에게 어떤 의미가 있는지 고민해
보기를 권한다.

미국 헌법을 읽다
우리의 헌법을 더 잘 이해하는 법
양자오 지음, 박다짐 옮김

미국 헌법은 근대 최초의 민주 국가
미국에서 만든 헌법이다. 이후 수많은
나라에서 미국 헌법을 참고하고
모방하여 헌법을 제정했다. 민주
헌법의 원형이 미국 헌법이라고도
할 수 있는 것이다. 타이완의 지식인
양자오는 『미국 헌법을 읽다』에서
미국 헌법이 만들어지기까지의 역사
배경을 소개하고, 미국 헌법을 원문과
함께 살펴보며 헌법 조문의 의미와
맥락을 알기 쉽게 설명한다. 이를
통해 우리는 오늘날 전 세계에 막대한
영향을 미치는 미국이라는 나라의
토대를 이해하고, 오늘날 우리 삶의
기반을 만든 고전이자 현대 민주주의
제도의 근간을 이루는 헌법을
이해할 수 있을 것이다.

슬픈 열대를 읽다
레비스트로스와 인류학을 공부하는 첫걸음
양자오 지음, 박민호 옮김

구조주의 인류학의 선구자인
레비스트로스의 대표작 『슬픈
열대』를 통해 그의 인류학 여정을
함께 탐색해 보는 책. 저자는 자신이
처음 인류학을 접하고 그것에 매료된
경험에서 시작해 서구 인류학의
변모 과정을 차근차근 짚어 가며
구조인류학까지 다다른다. 이를 통해
우리는 인류학 전반에 대한 이해를
기반으로 구조인류학의 정점을
이루는 레비스트로스와 그의 저서
『슬픈 열대』를 좀 더 손쉽게 적절한
깊이로 공부할 수 있다.